LA PERSÉVÉRANCE DES SAINTS

John Owen
Pasteur et théologien anglais (1616-1683)

LA PERSÉVÉRANCE DES SAINTS

230, rue Lupien, Trois-Rivières (Québec)
G8T 6W4 Canada

Édition originale en anglais sous le titre :
Christians are forever!
Prepared by H. Lawrence
An abridged version of the classic
The Doctrine of the Saints' Perseverance Explained and Confirmed
© 1987 by Grace Publications Trust
7 Arlington Way, London EC1R 1XA England
Reprinted 1996, 2005

Pour l'édition française traduite et publiée avec permission :
La persévérance des saints
© 2010, 2017 Publications Chrétiennes, Inc.
230, rue Lupien, Trois-Rivières (Québec)
G8T 6W4 – Canada
Site Web : www.publicationschretiennes.com
Tous droits réservés.

Traduction : Georges Corriveau
Révision : Louise Denniss

Les citations bibliques sont extraites de la *Nouvelle Version Segond révisée (Colombe)*, 1978.

ISBN : 978-2-924773-19-2
Dépôt légal – 2ᵉ trimestre 2017
Bibliothèque et Archives nationales du Québec
Bibliothèque et Archives Canada

« Impact Héritage » est une marque déposée de Publications Chrétiennes, Inc.

Table des matières

Chapitre 1	*La vérité établie*	*7*
Chapitre 2	*Dieu est immuable*	*14*
Chapitre 3	*L'immuabilité des desseins de Dieu*	*17*
Chapitre 4	*L'immuabilité de l'alliance de Dieu*	*22*
Chapitre 5	*Les promesses générales de Dieu sont immuables*	*25*
Chapitre 6	*Quelques promesses de Dieu illustrées*	*31*
Chapitre 7	*L'œuvre de Christ sur la terre*	*35*
Chapitre 8	*L'Esprit vit dans les croyants*	*44*
Chapitre 9	*Christ prie pour les croyants*	*53*
Chapitre 10	*Comment doit être utilisée la doctrine de la persévérance finale*	*56*
Chapitre 11	*Évaluation de certains passages de l'Écriture parfois utilisés contre la doctrine de la persévérance des saints*	*64*

1. La vérité établie

Il existe différents points de vue sur la doctrine de la persévérance des saints. Pour certains, l'espérance et l'encouragement que donne Dieu dans sa Parole (Hébreux 6.17, 18) constituent le fondement sur lequel ils s'appuient. Pour d'autres, cette doctrine ne fait pas partie de l'enseignement de l'évangile et ne serait qu'une invention humaine. Ils la considèrent même comme une incitation à pécher. Une bonne compréhension de cette doctrine s'avère donc d'une importance capitale. Elle influencera notre marche avec Dieu. La gloire de Dieu, l'honneur du Seigneur Jésus-Christ et la sécurité des âmes sont associés à cette doctrine.

Le fait que plusieurs qui se réclament de la foi chrétienne l'abandonnent un jour constitue une pierre d'achoppement pour le peuple de Dieu. Jésus a déclaré que certains qui professeraient être chrétiens délaisseraient la foi (Matthieu 24.11, 12). Il a néanmoins réconforté ses disciples, leur assurant que malgré tout, les élus de Dieu ne seraient jamais trompés et ne renonceraient pas de façon définitive à la foi.

L'apôtre Paul déjà de son temps, parlait de l'apostasie d'Hyménée et de Philète. La foi de ceux qui ont suivi leurs enseignements a été renversée. Mais il existe un solide fondement pour les véritables croyants : « Le Seigneur connaît ceux qui lui appartiennent » (2 Timothée 2.19). L'apôtre Jean a aussi écrit au sujet des antéchrists et apostats de son temps. « Ils sont sortis de chez nous, mais ils n'étaient pas des nôtres; car, s'ils avaient été des nôtres, ils seraient demeurés avec nous; mais de la sorte, il est manifeste que tous ne sont pas des nôtres » (1 Jean 2.19).

Le fait que certains se détournent de la voie du Seigneur ne devrait pas ébranler la foi des croyants. Néanmoins, cette réalité devrait les amener à s'examiner eux-mêmes pour savoir si Christ se trouve véritablement en eux. « Ainsi donc, que celui qui pense être debout prenne garde de tomber » (1 Corinthiens 10.12).

Certains ont maintenu l'argument suivant : « Si vous avancez le fait que ceux qui abandonnent la foi pour se perdre n'étaient pas de véritables croyants, personne ne peut alors être certain de posséder la foi véritable ». Nous pouvons répondre que Dieu éprouve les croyants par ces moyens. Par de telles épreuves, ils croissent dans la grâce et sont fortifiés dans la foi.

Par la grâce de notre Dieu, qui est fidèle, nous serons plus que vainqueurs (Romains 8.37). Nous pouvons être affermis dans cette vérité. Le fait que certains abandonnent la foi ne devrait jamais nous ravir la joie ineffable et glorieuse qui caractérisait les premiers chrétiens (1 Pierre 1.8).

Certains ont prétendu que le seul fondement de l'assurance que possède un homme de marcher droitement avec Dieu est le témoignage de son propre cœur. Certes, beaucoup de croyants reçoivent l'Esprit d'adoption par lequel le Saint-Esprit rend témoignage à notre esprit que nous sommes enfants de Dieu (Romains 8.16). D'autres chrétiens n'atteignent jamais la joyeuse plénitude que connaissait l'Église primitive. L'assurance de notre salut se doit d'être fondée sur un appui plus solide que le seul témoignage de notre conscience. Un tel témoignage est souvent affaibli par nos manquements.

Qu'entendons-nous par : « saints »? Nous pourrions simplement dire « ceux qui sont saints », mais le mot « saint » est utilisé de différentes manières dans les Écritures. Dans son Être même, seul Dieu est « le Saint ». La sainteté des êtres créés diffère de la sainteté de Dieu. Lorsqu'Adam fut créé, il possédait originalement la sainteté, mais celle-ci fut perdue par l'arrivée du péché. Il en a été de même pour les anges qui sont déchus. Les vrais croyants ont reçu la sainteté même s'ils ont péché et sont privés de la gloire de Dieu. Ils possèdent une sainteté qui leur est « imputée ».

Dans l'Ancien Testament en particulier, le mot « saint » évoque souvent le contexte de « mis à part pour » Dieu et son service. Ce ne sont pas seulement les objets tels que l'arche qui sont considérés comme saints, mais aussi tout le peuple d'Israël, même s'il se trouvait parmi eux des individus mauvais. La persévérance n'est pas mentionnée dans leur cas. Dans le Nouveau Testament, le mot « saint » est le plus souvent utilisé pour connoter le sens de « la pureté intérieure ». Plusieurs parviennent à se croire eux-mêmes saints, ou sont perçus comme saints par d'autres personnes, mais ils ne se sont jamais vraiment convertis. Pour d'autres, le don de la grâce commune par l'Esprit influence à un point tel leur conduite qu'ils semblent nés de nouveau, mais d'aucune manière Christ ne vit en eux.

Comment donc pouvons-nous distinguer les saints ou véritables croyants ?

1. Bien qu'ils aient auparavant été morts spirituellement, Dieu leur a donné la foi à salut. Leur sainteté est le résultat du plan éternel de Dieu, fondé sur l'élection par la grâce. (Éphésiens 1.4).
2. Le Saint-Esprit, en leur donnant la vie, les a fait passer de la mort dans le péché à une vie nouvelle. Ils ont reçu le précieux don de la foi par l'œuvre de l'Esprit quand ils ont été rendus vivants avec Christ (Éphésiens 2.5).
3. Le Saint-Esprit leur est donné afin de demeurer en eux pour toujours (Jean 14.16), à cause des mérites de la mort et de l'intercession de Christ.
4. Par les bienfaits de l'œuvre de l'Esprit en eux, ils cessent d'être les ennemis de Dieu et deviennent son peuple obéissant et bien-aimé.

LE SAINT-ESPRIT UTILISE PLUSIEURS EXPRESSIONS POUR DÉFINIR LA PERSÉVÉRANCE :

1. Marcher en Christ comme nous l'avons reçu (Colossiens 2.6).
2. Être fidèle jusqu'à la mort (Apocalypse 2.10).
3. Retenir fermement jusqu'à la fin l'assurance et l'espérance dont nous nous glorifions (Hébreux 3.6).
4. Être gardé en la puissance de Dieu, par la foi, pour le salut prêt à être révélé dans les derniers temps (1 Pierre 1.5).

Examinons l'affirmation parfois énoncée voulant que les croyants puissent complètement abandonner la foi. Tous s'entendent pour dire que les croyants possèdent le Saint-Esprit en eux et qu'ils portent ainsi le fruit de l'Esprit (Galates 5.22). Si c'est exact, qu'est-ce qui pourrait faire en sorte que les croyants perdent entièrement le Saint-Esprit? Qu'est-ce qui pourrait entraîner la disparition complète de la grâce dans leur vie? Le péché le pourrait-il? Assurément, si le péché est toléré dans la vie du chrétien, il atténuera en lui la capacité de vivre la vie chrétienne. Le Saint-Esprit est offensé et attristé par le péché dans la vie du croyant, mais il est impensable que le péché puisse remporter une victoire sur le Saint-Esprit. La grâce que les croyants possèdent a pour effet de faire d'eux de nouvelles créatures en Jésus-Christ. Ce changement n'est pas obtenu par leurs propres efforts. La racine est d'abord rendue bonne puis le fruit est bon (Matthieu 7.15–20). La grâce est semée en eux par la même puissance que Dieu a démontrée en ressuscitant Jésus d'entre les morts (Éphésiens 1.19, 20). Le péché continuel dans nos vies mériterait certainement que Dieu retire de nous son Saint-Esprit et sa grâce, mais notre Père céleste permettrait-il que le péché remporte la victoire finale sur ses fils et ses filles? Ne leur viendra-t-il pas plutôt en aide? Il peut les châtier, mais ne les abandonnera pas pour toujours.

Ceux qui s'opposent à la doctrine de la persévérance des saints ont souvent prétendu qu'un tel enseignement incite les gens à pécher. Ils affirment qu'une telle doctrine donne aux individus une assurance quant à l'amour de Dieu et au salut qui ne tienne pas compte de la présence plus ou moins constante du péché dans leur vie. C'est absolument faux. Les croyants qui ont goûté à l'amour et à la miséricorde de Dieu l'estiment plus que tout au monde. Ils veulent pratiquer les bonnes œuvres que Dieu a conçues d'avance pour eux. Par son Esprit, Dieu pourvoira continuellement sa grâce afin qu'ils puissent produire le fruit de la sainteté par de bonnes œuvres à la gloire de Dieu. Cette grâce nous enseigne à renoncer à l'impiété, aux désirs de ce monde, et à vivre dans le siècle présent d'une manière sensée, juste et pieuse (Tite 2.11, 12).

Un autre argument contre la persévérance soutient qu'il n'est pas plus logique pour un croyant d'abandonner complètement la foi qu'il ne l'est pour un homme sain d'esprit de s'enlever lui-même la vie. Les gens éviteront naturellement de faire quoi que ce soit qui puisse mettre leur vie en danger. De la même manière, on suggère que Dieu a donné aux saints la sagesse et la prudence afin de les garder de commettre un péché qui pourrait détruire leur âme.

Cet argument ne tient pas compte des forces du mal réunies pour s'opposer au croyant. Un de ses ennemis est le péché qui habite encore le croyant (Romains 7.17, 20). Paul appelle cet ennemi le « vieil homme qui se corrompt par les convoitises trompeuses » (Éphésiens 4.22). Tous ceux qui ont connu un tant soit peu la puissance du péché savent que nous avons besoin d'une puissance beaucoup plus grande qu'une prudence habituelle pour nous préserver de la chute éternelle. Nous avons besoin de l'intercession de Christ. Vous « qui êtes gardés en la puissance de Dieu, par la foi, pour le salut prêt à être révélé dans les derniers temps » (1 Pierre 1.5).

Le chapitre 4 d'Ésaïe constitue une grande source

d'encouragement pour le peuple de Dieu. Ici comme ailleurs dans les Écritures, le glorieux germe de l'Éternel dont il est parlé est le Seigneur Jésus-Christ. Le peuple qui a reçu les promesses est « celui qui restera à Sion » (v. 3). De qui est-il question? Il s'agit du reste, selon l'élection de la grâce (Romains 11.5), de ceux dont le nom est dans le livre de vie de l'Agneau, inscrit avant même la fondation du monde (Éphésiens 1.4; Apocalypse 13.8). Ils ont été rescapés (v. 2) de la masse de l'humanité qui périt, comme une pièce de bois arrachée au brasier qui allait la consumer. Ésaïe les décrit aussi comme « la fille de Sion » — l'élue, rachetée et appelée de Dieu. Justification, sanctification et persévérance leur sont promises.

1. Justification (v. 4) :

Le Seigneur, notre justice, les recouvre du glorieux vêtement de sa propre justice pour cacher leurs infirmités et les rendre acceptables aux yeux de son Père (1 Corinthiens 1.30).

2. Sanctification (v. 4) :

Par l'œuvre de Christ en eux, il rend saints ceux qui sont appelés à être saints.

3. Persévérance (v. 5, 6) :

La nuée et la colonne de feu présentaient une protection pour les enfants d'Israël dans le désert. Ésaïe y fait référence quand il dit : « car tout ce qui est glorieux sera mis à couvert » (Ésaïe 4.5). La gloire d'Israël était l'Arche de l'Alliance, un type de Christ. Il y a deux parties à notre gloire spirituelle. La première se trouve hors de nous. C'est l'amour de Dieu, et sa faveur envers nous par laquelle il nous a gratuitement acceptés en Christ. La seconde est notre sanctification, laquelle il produit en nous par l'Esprit de sainteté. Ce dernier ne sera jamais complètement délogé de l'âme du croyant dans laquelle il a une fois habité. Le Saint-Esprit ne permettra jamais à l'esprit du monde de prendre sa place. Le croyant jouit de l'acceptation de Dieu et sa sainteté lui vient de Dieu qui lui assure gratuitement ces dons en Christ, rendant l'alliance de la grâce indissoluble.

Nous ne prétendons pas qu'un croyant ne pèche jamais. Nous disons qu'il ne peut pécher au point de chasser définitivement le Saint-Esprit et devenir à nouveau un enfant du diable; ce qu'il était avant de naître de nouveau (Éphésiens 2.2, 3). La relation de Dieu avec son peuple est exprimée par le prophète Jérémie (31.33, 34; 32.38, 40). Dieu promet d'être leur Dieu. Ils seront son peuple.

1. *Dieu les a acceptés gratuitement* : « Car je pardonnerai leur faute, et je ne me souviendrai plus de leur péché » (Jérémie 31.34).

2. *Leur sanctification, ainsi que leur sainteté doivent venir de Dieu lui-même* : « Je mettrai ma loi au-dedans d'eux, je l'écrirai sur leur cœur; je serai leur Dieu, et ils seront mon peuple » (Jérémie 31.33).

3. *La crainte de Dieu ne les quittera jamais totalement* : « Et je mettrai ma crainte dans leur cœur, afin qu'ils ne s'écartent pas de moi » (Jérémie 32.40). « Je leur donnerai un même cœur et une même conduite, afin qu'ils me craignent toujours, pour leur bonheur et celui de leurs fils après eux » (Jérémie 32.39).

2. Dieu est immuable

Dieu révèle la nature immuable de son amour envers son peuple par cinq aspects dans lesquels il ne peut changer :

1. sa nature
2. ses desseins
3. son alliance
4. ses promesses
5. son serment

La persévérance des saints repose sur chacun de ces cinq aspects. Nous traiterons de chacun d'eux dans les prochains chapitres. Pour l'instant, nous considérerons la nature immuable de Dieu.

Dans Malachie 3.6, Dieu dit : « Car c'est moi l'Éternel, et je n'ai pas changé… »; et il affirme en conséquence : « Et vous, fils de Jacob, vous n'avez pas été exterminés. » Qui sont les descendants de Jacob dont Dieu parle? Ils ne sont certainement pas tous descendants de Jacob, selon la chair, mais plutôt ceux qui partagent la même foi que la sienne. Comme Paul le déclare : « Car tous ceux qui descendent d'Israël ne sont pas Israël » (Romains 9.6). Certains se glorifiaient d'être de la descendance d'Abraham, mais ils furent promptement jugés par Dieu à cause de leurs mauvaises œuvres (Malachie 3.5). Christ est venu « pour relever les tribus de Jacob et pour ramener les restes d'Israël » (Ésaïe 49.6). Les vrais fils de Jacob sont ceux qui sont nés de nouveau « non du sang, ni de la volonté de la chair ni de la volonté de l'homme, mais de Dieu » (Jean 1.13). Dieu ne changera jamais d'avis au sujet du don de son appel efficace. Paul dit en Romains 11.29 : « Car les dons gratuits et l'appel de Dieu sont irrévocables. »

Les vrais descendants de Jacob sont ceux qui possèdent la foi de Jacob. Ils sont le nouvel Israël, l'élu de Dieu. Dieu est entré dans une nouvelle alliance avec eux, au lieu de l'ancienne que leurs pères avaient rompue (Jérémie 31.31–34; Ézéchiel 36.24–28; Hébreux 8.8–12). Ceux qui jouissent des privilèges de la Nouvelle Alliance n'en sont pas dignes. Quel était leur état spirituel, quand Dieu les a appelés? Ils se trouvaient dans un état de mort, de ténèbres, d'ignorance et de séparation par rapport à Dieu. Il n'y avait rien en eux qui puisse inciter Dieu à leur témoigner sa grâce. Leur sanctification et leur justification proviennent de Dieu seul.

L'une des plus grandes consolations du Seigneur à l'égard de son peuple est qu'ils ne seront jamais séparés de lui éternellement. En Ésaïe 40.27–31, Jacob et Israël témoignent de leur crainte d'être séparés de Dieu. Comment Dieu leur répond-il? Il leur demande s'ils ont véritablement compris la nature de leur Dieu. Il leur rappelle sa nature éternelle, la grandeur de sa puissance, son immuabilité et son infinie sagesse. C'est ce qu'il fera pour ceux qui se confient en l'Éternel. Il leur donnera de nouvelles forces, ils prendront leur vol comme les aigles, ils courront sans se lasser et marcheront sans se fatiguer. En réponse à la peur de son peuple Dieu dit : « Jacob, mon serviteur, ne t'effraie pas; je t'ai choisi dès l'éternité. Tu crois que tu es stérile et inutile, desséché et sans vie; je changerai tout cela en te donnant mon Esprit. Vous saurez que vous m'appartenez et que je suis votre Seigneur et votre Roi, votre Rédempteur pour l'éternité. » Quand Dieu nous assure de son amour éternel, sur la base de son immuabilité, ce n'est pas être présomptueux que de croire qu'il veut vraiment dire ce qu'il dit.

Nous devrions différencier la faveur de Dieu envers une nation, telle que la nation juive, de ses actes de grâce à salut pour des individus en particulier. Dieu traitait avec son peuple, les Juifs, par des bénédictions et des jugements apparents qui les distinguaient du reste du monde. Leur obéissance en tant que nation déterminait comment Dieu allait agir à leur égard. À l'occasion, il abattait donc ce qu'il avait érigé au préalable. En d'autres temps, il relevait ce qu'il avait auparavant détruit. Cependant, même ces changements manifestes dans sa manière d'agir envers eux démontrent l'immuabilité de ses desseins envers son peuple.

Nous pouvons en être certains puisque Dieu, étant immuable dans sa nature, n'abandonnera jamais ceux qu'il a librement acceptés en Christ. Ceux qu'il a ainsi acceptés ne pourront jamais devenir impies ni apostats.

3. L'immuabilité des desseins de Dieu

Considérons maintenant l'immuabilité des desseins de Dieu, lesquels constituent une autre source d'assurance pour les saints. Ces desseins sont éternels, infiniment sages et tout à fait libres conformément à sa volonté, complètement dissociés de toute cause extérieure à lui-même.

Dans Ésaïe 46.9–11, Dieu déclare que contrairement à tous les faux dieux, il est le seul Dieu et que sa volonté restera ferme. Ce qu'il a déterminé d'accomplir, il l'accomplira. Il connaît à l'avance tous les événements du commencement jusqu'à la fin. Par sa puissance, il gouverne les intentions de ceux qu'il utilise d'une manière telle qu'ils exécutent sa volonté et en même temps, agissent librement selon leur propre volonté. Les desseins immuables de Dieu déclarent sa puissance éternelle et sa divinité. Dans le Psaume 33.9–11 il est dit : « Car il dit, et la chose arrive; il ordonne, et elle existe, le conseil de l'Éternel subsiste à toujours, et les projets de son cœur, de génération en génération ». En contraste, les êtres humains doivent constamment adapter leurs plans aux circonstances qui changent, comme l'indique Proverbes 19.21 : « Il y a dans le cœur de l'homme beaucoup de pensées, mais c'est le dessein de l'Éternel qui s'accomplira. » Puisque toutes choses sont continuellement présentes devant Dieu, rien ne peut survenir qui puisse le surprendre. La toute-puissance de sa force, qui garantit l'accomplissement de ses projets (Ésaïe 14.24–27), n'est jamais arbitraire, mais toujours en accord avec sa sagesse infinie et sa sainteté.

La doctrine de la persévérance des saints est communiquée avec vigueur et clarté par l'apôtre Paul en Romains 8.28 : « Nous savons, du reste, que toutes choses coopèrent au bien de ceux qui aiment Dieu, de ceux qui sont appelés selon son dessein. » Puisque Dieu fait concourir toutes choses au bien de ceux qui l'aiment, quel est donc ce « bien »? Il correspond au fait qu'ils se réjouissent en Christ et en son amour. Dieu ordonnera toutes choses afin qu'ils ne manquent pas d'atteindre cette joie par excellence. Dans sa sagesse et son amour, il suscite même les choses qui paraissent les plus incompatibles à l'accomplissement de ce plan.

Cette consolation est donnée par Dieu à ceux qui son « appelés selon son dessein », qui ont répondu à son appel efficace par la foi et l'obéissance. Ils aiment Dieu parce que leurs cœurs de pierre ont été changés et qu'ils ont reçu des cœurs de chair. En Romains 8.29, 30, l'appel des croyants est précédé de leur prédestination et suivi de leur justification. L'intention de Dieu concernant cet appel est précisément ce que l'apôtre Paul décrit ailleurs comme étant les desseins de Dieu selon l'élection. Ce choix que Dieu a entériné par sa grâce se dissocie complètement de tout bien qu'il aurait vu et approuvé au préalable en eux. L'approbation de Dieu est entièrement fondée sur son amour envers eux et sur le choix de ces individus par grâce, en Christ, et jamais sur l'amour qu'ils auraient éprouvé pour lui avant d'avoir été appelés.

L'appel de Dieu représente encore moins l'aboutissement d'avoir aimé Dieu. C'est une impossibilité. Toute foi et tout amour chez un croyant sont le fruit de l'appel efficace de Dieu.

Malgré la déclaration claire et inconditionnelle de la promesse de Dieu donnée en Romains 8.28, certains ont tenté de prouver que le fait de se garder de l'impiété et de l'incrédulité constitue vraiment un acte conditionnel de la part du croyant. Naturellement, il paraît évident que ce passage de l'Écriture ne fournit aucune assurance que toutes choses concourent au bien des incroyants non repentants. Le dessein de Dieu n'est pas que son peuple, qui croit en lui, puisse retourner dans l'impiété et l'incrédulité, mais plutôt qu'il devienne conforme à l'image de son Fils. C'est la volonté de Dieu de préserver ses saints dans leur expérience présente de l'amour de Christ, jusqu'à ce qu'ils goûtent parfaitement à la joie de la plénitude de sa gloire.

Jérémie atteste l'amour éternel de Dieu pour tous les descendants spirituels de Jacob : « De loin l'Éternel se montre à moi : Je t'aime d'un amour éternel; c'est pourquoi je te conserve ma bonté » (Jérémie 31.3). Ces enfants spirituels sont le reste, élu par la grâce de Dieu, qu'il a connu d'avance (Romains 11.2, 7). Paul, en écrivant à Timothée (2 Timothée 2.19), l'encourage (et avec lui tous les croyants) en lui assurant que « la solide base posée par Dieu subsiste, scellée par ces paroles : Le Seigneur connaît ceux qui lui appartiennent ». Ce solide fondement est le bon plaisir de la volonté de Dieu qu'il s'est proposé en lui-même à la louange de la gloire de sa grâce. Paul utilise le mot « fondement » de manière à insister sur la stabilité, la force et les qualités durables de la volonté de Dieu soutenant toute l'œuvre du salut des croyants. Sur ce fondement inébranlable reposent leur préservation et leur persévérance. L'apostasie d'hommes comme Hyménée et Philète prouve qu'ils n'avaient jamais possédé la foi des élus de Dieu; et ce, même s'ils semblaient être au début de véritables croyants. Le but de Dieu, en donnant cette figure de fondement et de construction, est de démontrer la véracité d'un « sceau » comme lorsqu'un document est « scellé ». C'est-à-dire qu'il est confirmé par ces deux déclarations : « Le Seigneur connaît ceux qui lui appartiennent; et : Quiconque prononce le nom du Seigneur, qu'il s'éloigne de l'iniquité. » Ces deux déclarations ne peuvent être séparées.

Le but de notre Seigneur en venant du ciel sur la terre est clairement énoncé dans Jean 6.37–40. Il est venu pour faire la volonté de son Père en toutes choses. Qui sont ceux pour qui il est venu faire la volonté de son Père? Ils sont tous ceux que le Père lui a donnés (v. 39). Notre Seigneur va plus loin encore en démontrant la parfaite harmonie entre lui et son Père quand il affirme dans sa prière sacerdotale : « ils étaient à toi et tu me les as donnés » (Jean 17.6). Ils sont ceux qui regardent au Fils et croient (Jean 6.40). Quelle est la volonté de Dieu pour eux? C'est qu'aucun d'eux ne se perde, qu'ils aient la vie éternelle et qu'ils ressuscitent au dernier jour.

Dans sa prière, le Seigneur mentionne la vie éternelle des croyants avant leur résurrection au dernier jour, il est donc certain que le Père s'est engagé à les garder pour le Fils. Ceux qui ont été donnés au Fils ne seront jamais perdus.

Malgré cette assurance que Christ garde et préserve ceux qui croient en lui, on a parfois avancé l'hypothèse, en raison de l'apostasie de ceux qui ont marché dans la foi un jour, que les véritables croyants pouvaient déchoir de la grâce et être perdus. En opposition à un tel point de vue, nous pouvons nous demander : en quoi Celui qui garde Israël a-t-il manqué? A-t-il failli dans sa fidélité, dans sa tendresse, ou dans sa puissance? En tant que Souverain Sacrificateur miséricordieux et fidèle il est capable de venir en aide à ceux qui sont tentés (Hébreux 2.17, 18). Ou manque-t-il de puissance? « Tout pouvoir m'a été donné dans le ciel et sur la terre » (Matthieu 28.18), « ... il peut sauver parfaitement ceux qui s'approchent de Dieu par lui » (Hébreux 7.25).

Certains ont supposé également, quoique Christ ne mette jamais dehors celui qui vient à lui, que celui qui vient peut cependant se détourner et ne jamais vraiment se joindre à Christ. Nous répondrons par cette question : celui qui est en route pour venir à Christ, que Christ est prêt à recevoir, est-il un croyant ou non? S'il n'a pas la foi, comment pouvons-nous prétendre qu'il vienne à Christ? S'il a la foi, comment se fait-il qu'il ne soit pas déjà venu à Christ?

Nous devons admettre qu'il est possible pour les croyants d'être entraînés dans l'erreur et les fausses doctrines. Néanmoins, si cela se produit, c'est pour un temps seulement et jamais d'une manière inconsistante relativement à leur union avec Christ, leur tête, car sa vie est en eux. Ainsi, de telles personnes peuvent pour un temps être ignorantes de certaines doctrines fondamentales de la foi, ou même ne pas les croire et en même temps ne pas être considérées comme séparées de Christ. Nous ne pouvons accepter le fait qu'un véritable croyant persistera dans de telles erreurs, puisque Christ a promis que l'Esprit les conduirait dans toute la vérité. Il existe cependant des croyances et des manières de vivre qui sont incohérentes par rapport à la vie de Christ dans une âme. Un reniement complet de Christ constituerait un tel cas. Pierre a en effet renié son Seigneur lorsqu'il a été vaincu par une tentation soudaine, bien qu'il n'ait eu aucune intention délibérée et préméditée. Le Sauveur cependant n'a pas abandonné Pierre, mais a prié pour lui; et Pierre s'est repenti et est revenu à Christ pour le suivre. Le reniement de Pierre n'était donc pas un renoncement total à Christ.

Pour conclure ce chapitre, nous mentionnerons deux autres passages des Écritures qui traitent de l'immuabilité du dessein de Dieu dans le salut de son peuple. Le premier est Éphésiens 1.3–5 : « Béni soit le Dieu et Père de notre Seigneur Jésus-Christ, qui nous a bénis… nous a élus… il nous a prédestinés par Jésus-Christ à être adoptés, selon le dessein bienveillant de sa volonté. » Cet acte de Dieu est la fontaine de laquelle jaillissent toutes les grâces et les faveurs de Dieu dans la justification, l'adoption et les fruits produits par l'Esprit. Le but de Dieu dans ce dessein de sa volonté est que « nous soyons saints et sans défaut devant lui dans son amour » (v.4).

Le second passage des Écritures est 2 Thessaloniciens 2.13, 14 : « Dieu vous a choisis dès le commencement pour le salut, par la sanctification de l'Esprit… pour que vous possédiez la gloire de notre Seigneur Jésus-Christ ». Ici encore est révélée la fontaine de toutes grâces spirituelles et éternelles —Dieu nous a choisis dans un acte éternel. Quelle fin Dieu a-t-il en vue? Notre salut et la gloire de notre Seigneur Jésus-Christ! Il accomplit son but en nous par notre appel, notre sanctification et notre justification par la foi en la vérité.

4. L'immuabilité de l'alliance de Dieu

Jusqu'ici, nous avons cherché à démontrer l'immuabilité de l'amour que Dieu a pour ses saints du point de vue de sa propre nature et de ses desseins. Nous verrons maintenant comment cette même vérité nous est révélée dans son alliance de grâce. L'immuabilité de la faveur de Dieu envers son peuple repose, pour ainsi dire, sur la base de ses décrets et de ses desseins. La promesse de son alliance nous l'enseigne. Deux textes de l'Écriture servent à étayer ce point.

Le premier texte concerne la promesse de Dieu faite à Abraham, donnée dans Genèse 17.7 : « J'établirai mon alliance avec toi et ta descendance après toi, dans toutes leurs générations : ce sera une alliance perpétuelle, en vertu de laquelle je serai ton Dieu et celui de tes descendants après toi. » Cette promesse à Abraham a été partiellement accomplie dans ses descendants naturels, la nation juive, mais le véritable accomplissement de l'alliance a eu lieu dans ses descendants spirituels, les enfants de la promesse. Ces enfants spirituels allaient inclure des personnes de toutes nations, bénies par Dieu en Jésus-Christ. Tous les croyants reçoivent ces bénédictions dont Abraham a hérité à cause de cette promesse (Galates 3.9). Éphésiens 1.3 fait état de « toutes bénédictions spirituelles ». Si la persévérance dans l'amour de Dieu est considérée comme une bénédiction spirituelle, comme elle se doit certainement de l'être, alors non seulement Abraham, mais aussi tous ceux qui sont fidèles, dans le monde entier, sont bénis en Christ par cette promesse. David reconnaissait que les « choses saintes » dont parlaient Ésaïe et Paul (Ésaïe 55.3; Actes 13.34) avaient pour origine l'alliance éternelle que Dieu avait conclue avec lui, ordonnée en toutes choses et certaine. Pour lui, elle comportait tout son salut et tout son désir : « Ne fera-t-il pas germer tout mon salut et tout ce qui est agréable? » (2 Samuel 23.5).

Le second texte de l'Écriture auquel nous référons est Jérémie 31.31–34. Dieu assure Jérémie que la nouvelle alliance qu'il allait conclure avec la maison d'Israël serait une alliance éternelle. Elle allait surpasser pour toujours l'ancienne (Jérémie 32.38–40). Dans cette nouvelle alliance, Dieu promettait d'écrire sa loi dans leur cœur et de ne plus se souvenir de leurs péchés. Il promettait aussi qu'il serait leur Dieu et qu'Israël serait son peuple. Le péché sépare Dieu et l'homme de deux manières. D'abord, Dieu doit se séparer du pécheur parce qu'il est coupable. La justice de Dieu est telle, qu'elle le requiert. Deuxièmement, le péché lui-même par sa puissance et sa tromperie pousse les gens à s'éloigner de Dieu jusqu'à ce qu'ils « soient rassasiés de leurs propres voies » (Proverbes 14.14). Si, cependant, ces causes de séparation sont supprimées, Dieu et l'homme peuvent alors être réconciliés de nouveau dans la paix et l'unité. C'est ce que Dieu a fait. Dans Jérémie 31.34 il promettait : « Car je pardonnerai leur faute et je ne me souviendrai plus de leur péché. » Par Christ la culpabilité du péché est enlevée de telle sorte que la justice de Dieu en retire tout l'honneur. Dieu a destiné Christ comme moyen de propitiation (ou sacrifice d'expiation) pour ceux qui auraient la foi en son sang; c'est-à-dire que c'est lui, en anéantissant le péché, qui détourne la colère de Dieu (Romains 3.25).

Dieu déclare qu'il brisera la puissance et l'effet trompeur du péché dans l'expérience du croyant quand il dit : « Je mettrai ma loi au-dedans d'eux, je l'écrirai dans leur cœur » (Jérémie 31.33). Et pour insister davantage, il ajoute : « je mettrai ma crainte dans leur cœur, afin qu'ils ne s'écartent pas de moi » (Jérémie 32.40).

Hébreux 8.9-12 met en contraste l'alliance immuable qui a été confirmée dans le sang de Christ avec l'Ancienne Alliance qui dépendait de l'accomplissement humain de ses conditions. Quand deux personnes font une alliance ou concluent une entente, nul ne peut garantir qu'elle sera tenue si elle repose uniquement sur chacune des deux parties. Il est possible que l'une ou l'autre manque à l'observation de cette entente. Même quand l'une des personnes demeure fidèle aux ententes de l'alliance, si l'autre brise ses promesses l'accord est rompu. Il en a été ainsi entre Adam et Dieu. Dieu a continué à être fidèle, mais Adam s'est montré infidèle, et ainsi l'alliance a été rendue invalide. Il en va de même dans l'alliance entre un homme et une femme. Un signataire de l'alliance ne peut garantir qu'elle sera tenue, car l'autre partie peut y être infidèle. Mais la Nouvelle Alliance de Dieu est complètement différente. Dieu a pris l'entière responsabilité de s'assurer qu'elle ne serait jamais rompue. Glorifions Dieu que lui, ayant posé les fondements de son alliance dans le sang de son cher Fils, ne nous a pas permis de briser cette merveilleuse œuvre de miséricorde.

Dieu et l'homme sont séparés par une telle distance à cause du péché, qu'ils ne peuvent être réconciliés que par une tierce personne ou un médiateur. Cette personne est Jésus-Christ lui-même (1 Timothée 2.5) par qui le sang de l'alliance est approuvé. Il est le médiateur d'une meilleure alliance fondée sur de meilleures promesses, et elle demeure inchangeable parce qu'il est le même hier, aujourd'hui et éternellement (Hébreux 13.8). Toutes les promesses de Dieu sont « Oui » en Christ (2 Corinthiens 1.20). En son Fils, Dieu a attesté que toutes les promesses de son alliance seront accomplies. Par la mort de Christ, Dieu fait de ses promesses un don et les lègue au peuple qu'il a inclus dans son alliance.

Parmi les noms de Dieu, il en est un qui appuie avec insistance sur sa fidélité : « le Dieu qui garde son alliance ». Qu'a-t-il promis d'accomplir par cette alliance? Premièrement, qu'il ne nous abandonnera jamais. Deuxièmement, qu'il ne permettra jamais que nous l'abandonnions. Ainsi fondée sur de telles assurances de la part de Dieu, cette alliance de grâce ne peut donc être sujette à la fragilité et à l'incertitude de la volonté humaine malgré ceux qui ont tenté de prétendre le contraire.

5. *Les promesses générales de Dieu sont immuables*

Tournons-nous maintenant vers les promesses de Dieu — le Dieu qui ne peut mentir — lequel nous assure de l'immuabilité de son amour et de sa faveur envers les croyants. Il est concevable de soutenir que certaines des promesses de Dieu sont conditionnelles; ce qui signifie qu'elles dépendent dans une certaine mesure de la personne à qui elles sont faites. De telles promesses ne peuvent alors s'accomplir qu'à la condition qu'il se produise un certain changement chez la personne à qui elles sont données. Nous aurons besoin de définir plus tard si c'est le cas de certaines des promesses auxquelles nous pensons, mais pour l'instant, considérons les promesses mêmes. Nous les appellerons les « promesses de l'évangile » à cause de leur nature et de leur supériorité. Nous les rencontrons certes dans le Nouveau Testament, mais également à partir du moment où le péché est entré dans le monde, alors qu'elles ont été données pour servir d'encouragement au peuple de Dieu, sous l'Ancienne Alliance.

En contraste avec les promesses de l'évangile, se trouvent aussi celles données sous la loi, mais cette expression « entrer dans la vie » comporte aussi la notion d'« observer les commandements » (Matthieu 19.17). Les promesses de l'évangile constituent la révélation offerte par grâce, n'exigeant aucun acquittement, de la bonne volonté de Dieu et de son amour envers les pécheurs, par les mérites de Christ dans l'alliance de la grâce. Nous avons déjà vu au chapitre 4 comment Dieu a promis d'être leur Dieu en vérité et en fidélité. Il leur a donné son Fils et a envoyé le Saint-Esprit pour habiter en eux. Chacune des promesses de l'évangile démontre le même amour, le même Christ et le même Esprit. Les promesses découlent du libre choix et de la grâce de Dieu, parce qu'elles sont faites selon la volonté de Dieu et son bon plaisir. Dans l'Écriture, ce qui vient de la promesse s'oppose toujours à ce que nous obtenons par nos mérites (Galates 3.18).

Jésus-Christ nous est promis par Dieu à cause de son amour, de sa grâce et de sa miséricorde (Jean 3.16; Romains 5.8; 1 Jean 4.10). Quelques-unes des promesses semblent conditionnelles, mais parce qu'elles sont indissociables de la promesse du don de Christ, elles sont en réalité librement offertes et constituent le fruit de la grâce. Les promesses de l'évangile manifestent la volonté de Dieu et son amour. Tout ce qui exprime la grâce et la faveur envers des pécheurs provient inévitablement des promesses de Dieu. Les promesses de Dieu ne font pas toujours référence au futur. Elles peuvent se rapporter à des choses qu'il a accomplies dans le passé ou qu'il est en train d'opérer à l'heure actuelle. Il faut noter que les promesses étaient originalement destinées aux pécheurs. Si les promesses n'avaient pas été pour les pécheurs, personne n'aurait jamais pu en bénéficier, parce que l'Écriture déclare que le monde entier est sous l'esclavage du péché (Galates 3.22). Tous les êtres humains sont prisonniers du péché, jusqu'à ce que la promesse du salut par la foi en Jésus-Christ les en délivre. Toute délivrance du péché est par la seule grâce de Dieu, et toute grâce vient par sa promesse.

C'est par Christ que nous sont révélées les faveurs de Dieu à notre égard. Comme 2 Corinthiens 1.20 le déclare : « Toutes les promesses de Dieu sont ce oui en lui. » Christ est le garant, la caution de l'alliance, et s'est engagé à faire tout ce qui est nécessaire, à la fois de la part de Dieu et de la nôtre, pour s'assurer que l'alliance soit respectée. Nous pouvons alors dire que les promesses de l'évangile constituent l'expression de la faveur de Dieu envers nous dans une alliance de grâce. Paul les appelle les « alliances de la promesse » (Éphésiens 2.12). À proprement parler, l'alliance et la promesse (qui est Christ) devraient être considérées séparément, mais l'apôtre utilise le pluriel parce qu'elles ont été données et renouvelées à diverses occasions. Ainsi, Hébreux 8.6 parle de l'alliance de la grâce comme étant fondée sur de meilleures promesses, que nous pourrions appeler l'évangile, promesses données par le Dieu qui ne ment pas. (Tite 1.2).

Qu'est-ce que Dieu a promis? En essence, il a promis d'être notre Dieu, ainsi qu'il l'a déclaré à Jérémie : « Je serai leur Dieu, et ils seront mon peuple » (Jérémie 31.33). Deux préalables sont requis pour qu'il soit notre Dieu :

1. Tout ce qui nous sépare de lui doit être enlevé et une réconciliation parfaite doit avoir eu lieu. Il agit ainsi en nous donnant Christ pour qu'il soit notre Sauveur, notre Justice et notre Paix.

2. Nous devons être préservés en vue de jouir d'une communion avec lui, notre Dieu, et afin de trouver notre plaisir en lui, notre récompense. Il accomplit une telle œuvre par le don de son Esprit Saint. Par l'Esprit, le Père nous a rendus capables de partager l'héritage des saints dans le royaume de la lumière (Colossiens 1.12). Cette promesse de l'Esprit est soulignée si fréquemment, à la fois dans l'Ancien Testament et dans le Nouveau, qu'elle est parfois appelée « la promesse de l'alliance ». Dans Actes 2.39, Pierre fait référence à la promesse que Christ a reçue du Père, appelée au verset 33 « l'Esprit Saint qui avait été promis », quand il dit : « Car la promesse est pour vous, pour vos enfants... »

De ces deux grandes promesses, le don de Christ et de l'Esprit Saint, émanent des consolations de toutes sortes pour les croyants. Elles comportent tout ce qui contribue à les rendre acceptables aux yeux de Dieu et à jouir de sa présence. Nous pouvons encore ajouter qu'une personne démontrant de l'intérêt pour n'importe laquelle des promesses manifeste aussi une prédilection pour toutes, et pour l'amour de Dieu dont elles découlent. Même les promesses de Dieu qui semblent les plus conditionnelles peuvent être considérées comme provenant de son amour inconditionnel. Dieu, qui promet la vie à ceux qui croient, n'a exigé aucune condition de notre part concernant le don de la foi qu'il a aussi promis, parce que nous sommes tous pécheurs. Nous pouvons donc définir les points suivants quant à la nature des promesses de Dieu :

1. *Toutes les promesses de Dieu sont vraies et fiables; toutes doivent s'accomplir.* Sa nature garantit leur accomplissement. Le moindre échec à l'accomplissement de l'une d'entre elles mettrait en cause l'un ou l'autre de ses attributs immuables. Même sur le plan humain, personne ne ferait la promesse solennelle de faire une chose s'il savait qu'un changement de circonstances risque de compromettre son exécution. Combien plus encore cette vérité s'applique-t-elle quand le Dieu omniscient donne sa parole et fait la promesse.

2. *Il est possible que nous ignorions plusieurs des manières par lesquelles Dieu accomplit ses promesses.* Il peut les avoir accomplies à la lettre sans pour autant que nous en soyons conscients.

3. *Même les promesses conditionnelles de Dieu peuvent s'accomplir dans un sens absolu.* Par exemple, dans la déclaration : « Celui qui croit sera sauvé », il existe un rapport évident entre la perdition et le salut. La déclaration demeure vraie, qu'une personne croie ou non. Les promesses conditionnelles peuvent simplement attester la volonté de Dieu, par exemple : « Celui qui observe ses commandements vivra », autant qu'elles peuvent servir à démontrer que les choses qui sont annoncées par elles constituent les moyens par lesquels la volonté de Dieu doit être exécutée.

4. *Comme il a été énoncé précédemment, les promesses en lien avec la persévérance des saints sont de deux natures.*

Soit qu'elles démontrent comment la faveur de Dieu repose continuellement sur eux (représentant leur justification), soit qu'elles aient un rapport avec leur obéissance constante envers Dieu (constituant leur sanctification).

Même ces promesses concernant notre sanctification qui semblent conditionnelles sont en réalité absolues. Dieu a promis aux croyants qu'ils demeureraient sous son alliance pour toujours. Quelques personnes ont objecté : « Oui, mais c'est à condition qu'ils ne rejettent pas volontairement le joug de Christ ou qu'ils ne s'égarent pas. » Nous pouvons leur répondre : « Est-il vraiment dit que pour autant qu'ils restent avec lui, ils resteront avec lui? » — ce qui ne constitue d'aucune manière un argument! Dieu nous attire avec bonté pour que nous le suivions et restions avec lui, parce qu'il nous aime d'un amour éternel.

Dieu poursuit un but important dans l'octroi des promesses. Il vise à consoler les croyants, indépendamment de la condition dans laquelle ils se trouvent. Comme Dieu a dit à Josué : « je ne te délaisserai pas, je ne t'abandonnerai pas » (Josué 1.5). Quelques personnes prétendent que Dieu ne donne pas ses promesses aux individus, mais les accorde selon les qualifications que ces individus possèdent. Nous répondons que les promesses doivent certainement être tenues, mais si leur accomplissement dépend de ces qualifications alors elles sont faites à certaines conditions et non à des personnes. Dieu parle autrement. Il a expressément appelé son peuple « les enfants de la promesse » (Romains 9.8). Nous constatons donc que les choses promises sont souvent interreliées, cependant, les promesses elles-mêmes sont absolues.

Le fait que les promesses de Dieu s'accomplissent avec certitude n'exclut pas l'utilisation de moyens appropriés. Quand Dieu a promis à Paul dans Actes 27 qu'aucun des hommes qui se trouvaient sur le bateau ne perdrait la vie, il n'était donc pas incohérent, par rapport à la promesse, que Paul dise : « Si ces hommes ne restent pas dans le navire, vous ne pouvez être sauvés. »

Les saints peuvent alors se reposer entièrement sur la fidélité de Dieu à ses promesses. Comme Paul le déclare dans 1 Thessaloniciens 5.24 : « Celui qui vous a appelés est fidèle, et c'est lui qui le fera. »

6. Quelques promesses de Dieu illustrées

Nous poursuivrons notre considération des promesses de Dieu en passant maintenant des promesses générales à celles qui sont plus particulières. Le Seigneur a donné une promesse très personnelle à Josué au moment où il lui a demandé de traverser le Jourdain : « Je suis avec toi comme je l'ai été avec Moïse; je ne te délaisserai pas, je ne t'abandonnerai pas » (Josué 1.5). À première vue, cette promesse semble être destinée seulement à Josué, cependant les saints de Dieu ont appris à se l'approprier alors que l'Esprit Saint l'applique à leurs circonstances particulières. Certes, en tant que général de l'armée d'Israël choisi par Dieu pour la conquête de Canaan, Josué a eu besoin de cette promesse pour son propre encouragement. Néanmoins, cette promesse est l'une des nombreuses promesses citées dans l'Ancien Testament pour notre consolation également. Nous aussi avons appris que « tout ce qui a été écrit d'avance l'a été pour notre instruction, afin que, par la patience et par la consolation que donnent les Écritures, nous possédions l'espérance » (Romains 15.4). Les croyants peuvent aujourd'hui affirmer avec non moins de confiance que le psalmiste : « Le Seigneur est mon aide » (Psaume 118.6, 7; Hébreux 13.6). Ainsi, la promesse à l'origine donnée à Josué devient une incitation à l'obéissance pour les croyants de chaque génération et un témoignage à la bienveillance du Seigneur envers ses saints.

Dieu promet dans le Psaume 89.30–34 de ne pas retirer sa bienveillance à son peuple, et dans sa fidélité de ne pas briser son alliance avec eux, même s'ils échouent à obéir à ses commandements. S'ils s'éloignent, il les punira en les corrigeant par les circonstances extérieures de leurs vies ou intérieurement, en leur retirant le sens de sa présence. Dieu ne les rejettera pas, quoiqu'ils le méritent à cause de leur péché. Dieu a promis sa bienveillance, sa fidélité, son alliance, sa promesse et son serment. Il ne s'agit pas non plus d'une simple promesse qui consiste à ne pas les abandonner, mais il donne l'assurance absolue qu'il continuera à leur accorder sa présence. Comme il l'a promis dans Ésaie 27.3, il s'occupera soigneusement de sa vigne. Si elle se montre stérile pour un temps, il continuera malgré tout à l'arroser et fera en sorte qu'elle produise le meilleur vin rouge. La raison pour laquelle il agit ainsi n'est pas qu'il trouve en eux quelque chose, mais par amour pour son Nom. Le « Nom » de Dieu est manifesté de toutes les manières dont il se fait connaître à nous — ses attributs, sa volonté et sa gloire. Quand Dieu fait quoi que ce soit pour l'amour de son grand Nom, il révèle sa nature et exprime sa gloire. Nous voyons sa fidélité et sa grâce parfaites en Jésus-Christ. Toute sa bonté et sa bienveillance émanent de sa nature « qui opère tout selon la décision de sa volonté » (Éphésiens 1.11). L'assurance que la bonté de Dieu et sa miséricorde le suivraient tous les jours de sa vie a amené David à déclarer avec confiance : « je reviendrai dans la maison de l'Éternel pour la durée de mes jours » (Psaume 23.6). La réponse de David à l'égard des promesses de Dieu constituait de sa part une promesse d'obéissance constante.

Le Psaume 125.2 offre un témoignage puissant de la présence éternelle de Dieu avec son peuple. « Jérusalem est entourée de montagnes, ainsi l'Éternel entoure son peuple, dès maintenant et à toujours. » De même qu'il est impossible à un homme de renverser les fondements des montagnes qui entourent Jérusalem, il est aussi impossible pour les ennemis de Dieu de prévaloir contre eux pour leur destruction éternelle. Par ces ennemis il entend non seulement leurs adversaires humains, mais de plus terribles encore, leurs adversaires spirituels.

De peur qu'une personne puisse douter des gracieuses intentions de Dieu, il les confirme dans Ésaïe 54.7–10 avec un serment inviolable : « J'avais juré que les eaux de Noé ne se répandraient plus sur la terre; je jure de même de ne plus m'indigner contre toi et de ne plus te menacer. Quand les montagnes s'ébranleraient, quand les collines chancelleraient, ma bienveillance pour toi ne sera pas ébranlée, et mon alliance de paix ne chancellera pas, dit l'Éternel, qui a compassion de toi » (versets 9 et 10). Malgré la déchéance de l'humanité, Dieu est resté fidèle à son alliance. Le monde n'a pas été détruit de nouveau par une inondation universelle et il ne le sera plus jamais.

Certains ont tenté de pervertir les promesses, les considérant comme un encouragement à pécher. De telles personnes ne comprennent pas l'impératif de l'amour envers Dieu motivant ceux qui ont été sauvés de la condamnation du péché. Ils ne connaissent rien de l'amour du Père, du sang du Fils et de la grâce de l'Esprit Saint. « Par elles les promesses les plus précieuses et les plus grandes nous ont été données, afin que par elles vous deveniez participants de la nature divine, en fuyant la corruption qui existe dans le monde par la convoitise » (2 Pierre 1.3, 4). Il connote ainsi la déclaration de Paul dans 2 Corinthiens 7.1 : « Puisque nous avons de telles promesses, bien-aimés, purifions-nous de toute souillure de la chair et de l'esprit, en développant jusqu'à son terme la sainteté dans la crainte de Dieu. » Dieu interdit que nous demeurions dans le péché, afin que la grâce abonde (Romains 6.1, 2).

Dans Osée 2.19, 20, Dieu utilise la plus intime des relations humaines, celle du mari et de la femme, pour déclarer l'intimité de son rapport avec son peuple. « Je te fiancerai à moi pour toujours. Je te fiancerai à moi avec justice et droit, loyauté et compassion. Je te fiancerai à moi avec fidélité, et tu reconnaîtras l'Éternel. » Les versets précédents précisent le contexte de cette déclaration remarquable — la menace des jugements du Seigneur contre la nation idolâtre d'Israël. Puis dans le verset 14, Dieu s'engage à donner aux vrais Israélites parmi eux quatre grandes bénédictions. Ils seront convertis par l'évangile, délivrés de l'idolâtrie, protégés de tout ce qui nuirait à leur tranquillité et à leur paix et seront fiancés avec lui dans une alliance éternelle de grâce. Il est évident que ces promesses transcendent les bénédictions temporelles pour inclure toutes les bénédictions spirituelles de l'évangile.

Qui sont ceux à qui de telles promesses ont été données? Ils sont les enfants de Dieu selon sa promesse. Ils sont ceux que Dieu sépare des incroyants et à qui il adresse des paroles de consolation. De même que les Israélites ont été délivrés de l'Égypte et conduits dans le désert, ainsi Dieu sépare son peuple de l'emprise du péché et les amène à s'attacher à lui. Dans le désert, les Israélites ne savaient que faire ni où aller, mais ils dépendaient complètement de Dieu qui les précédait et les conduisait. Il s'agissait d'une relation d'amour où le Seigneur les libérait de leurs fausses conceptions en leur parlant avec tendresse. Dieu leur parle à nouveau dans Ésaïe 40.1, 2 : « Consolez, consolez mon peuple dit votre Dieu. » De la même manière, les croyants d'aujourd'hui aspirent à la grâce de Dieu pour recevoir le pardon de leurs péchés.

Dieu promet d'unir les croyants à lui pour toujours. Il agit ainsi, étant pleinement conscient de ce qu'ils ont été autrefois et de ce qu'ils seraient encore sans lui. Il les connaît intimement, mais promet qu'ils connaîtront aussi le Seigneur. Il ne se contente pas de les courtiser, il dit : « Je vous fiancerai. »

Jean 10.27–29 nous parle du Sauveur et de sa connaissance des brebis. Celle-ci leur garantit la sécurité éternelle. L'omnipotence de Dieu leur donne l'assurance qu'elles demeurent ses brebis et que personne ne les ravira de sa main. La persévérance de toutes les brebis est certifiée par les mots du Sauveur : « Je donne à mes brebis la vie éternelle et ils ne périront jamais... personne ne les ravira de la main de mon Père. »

7. L'œuvre de Christ sur la terre

Nous considérerons maintenant la médiation de Christ. Il est le garant (ou le sceau) de la fidélité du Père envers nous et la garantie de notre fidélité envers lui. La question suivante se pose alors : « Quel rapport existe-t-il entre le sacrifice et l'intercession de Christ et la persévérance des saints ? » Il n'y a aucun doute en ce qui a trait à son intercession. « C'est pour cela aussi qu'il peut sauver parfaitement ceux qui s'approchent de Dieu par lui, étant toujours vivant pour intercéder en leur faveur » (Hébreux 7.25). Le sacrifice de Christ assure également de deux façons le salut des saints :

1. *Il supprime tout ce qui sépare les croyants de Dieu.* Cet énoncé peut être résumé ainsi : (a) la culpabilité du péché et (b) la puissance du péché et de Satan. La culpabilité du péché est ôtée parce que Christ a obtenu pour nous une rédemption éternelle (Hébreux 9.12). Par sa mort, nous avons le pardon des péchés pour toujours (Éphésiens 1.7). Les sacrifices d'animaux de l'Ancien Testament présentaient un type de la mort de Christ. On les offrait année après année sur l'autel, mais ils ne pouvaient jamais rendre parfaits ceux qui s'approchaient de Dieu par eux, ni acquitter les fidèles de leurs péchés. Si les péchés avaient pu être enlevés par des sacrifices offerts comme la loi le demandait, les fidèles n'auraient pas eu, à maintes reprises, à répéter ces mêmes sacrifices (Hébreux 10.1-3). Au contraire, Christ s'est offert lui-même une fois pour toutes en sacrifice pour les péchés, et il rend parfait pour toujours ceux qui sont sanctifiés. Ceux pour qui Christ est mort ne sont plus sous la condamnation de Dieu pour leur péché. Christ nous a réconciliés avec le Père, le rendant favorable à notre égard, et il a obtenu pour nous une justice éternelle que Dieu accepte. La

question soulevée dans Romains 8.34 : « Qui les condamnera? » est pleinement résolue dans le texte suivant : « Le Christ-Jésus est celui qui est mort; bien plus, il est ressuscité, il est à la droite de Dieu, et il intercède pour nous. »

Malgré la mort de Christ, plusieurs vivent péniblement conscients de la culpabilité de leurs péchés toutes leurs vies. Toutefois, cette culpabilité est complètement écartée de ceux pour qui Christ est mort, afin qu'ils ne soient jamais séparés éternellement de Dieu. Par l'obéissance et la mort de son Fils, Dieu a tracé un chemin par lequel son dessein éternel de grâce rédemptrice peut être révélé.

Le jugement de Dieu déclare que ceux qui commettent le péché sont dignes de mort (Romains 1.32). Mais par sa justice, Christ a pourvu un moyen par lequel Dieu peut à bon droit accueillir de nouveau ses créatures pécheresses et leur être favorable. La justice de Dieu n'est pas satisfaite par quoi que ce soit que nous ayons accompli, mais par ce que Christ a accompli. Par le sacrifice de Christ, la loi de Dieu est accomplie. Cette dernière est un reflet de sa propre sainteté. Elle appelle une malédiction sur tous ceux qui ne se conforment pas à tout ce qui y est écrit. Christ en mourant a été lui-même frappé de la malédiction de la loi à la place de ceux pour qui il est mort. Cette malédiction repose sur tous ceux qui enfreignent la loi, et est elle-même écrite dans la loi de Dieu. Mais il y a une seule malédiction dans la loi; elle n'en comporte aucune envers ceux pour lesquels Christ est mort. « Christ nous a rachetés de la malédiction de la loi en devenant malédiction pour nous » (Galates 3.13). « Celui qui n'a pas connu le péché, il l'a fait (devenir) péché pour nous, afin que nous devenions en lui justice de Dieu » (2 Corinthiens 5.21). La vérité de Dieu est satisfaite par le sacrifice de Christ. Dieu au commencement a formulé un avertissement contre le péché. « Mais tu ne mangeras pas de l'arbre de la connaissance du bien et du mal, car le jour où tu en mangeras, tu mourras » (Genèse 2.17). Les sacrifices d'autrefois semblaient être la solution, puisqu'ils se soldaient par une mort — celle d'une victime. Mais la vie d'un animal ne pouvait jamais être considérée comme satisfaisante quant aux exigences du jugement de Dieu pour le péché. Hébreux 10.4 le démontre : « Car il est impossible que le sang des taureaux et des boucs ôte les péchés. » Comment Christ répond-il à de telles exigences? « Voici je viens. Pour faire, ô Dieu, ta volonté. » Sera-t-il acceptable pour le Père? Oui, il le sera assurément, à cause de sa valeur intrinsèque.

La justice de Dieu est satisfaite par le sacrifice de Christ. À cause de ce sacrifice, Dieu accomplit chaque partie de l'alliance conclue avec Christ à l'égard de ceux dont il est le médiateur. Certains ont soulevé la question suivante : « Qu'arriverait-il si certains de ceux pour qui Christ est mort devaient mourir sans être nés de nouveau? Ne seraient-ils pas placés de nouveau devant la justice et la puissance condamnatrice de la loi de Dieu, malgré la mort de Christ? » Cette question devient inapplicable lorsqu'elle est énoncée de cette manière, parce que Christ est mort afin que ceux pour qui il est mort puissent naître de nouveau et recevoir la vie éternelle. Ils la recevront assurément, au moment voulu par Dieu, et aucun d'eux ne mourra dans ses péchés.

Certains pourraient argüer que si Christ a satisfait à ce point la justice de Dieu et accompli la loi en faveur de ceux pour qui il est mort, il n'est pas nécessaire pour ces derniers de croire. Ou s'ils croient, qu'ils ne sont nullement tenus à vivre une vie sainte. Cet argument est complètement faux. Quoique la justice, la loi et la vérité de Dieu soient satisfaites en ce qui concerne leurs péchés, Dieu exige toujours que son peuple vive selon la loi de la foi. La foi donne toute la gloire à Dieu pour sa grâce, glorifie Jésus-Christ et dépouille le pécheur de toute la confiance qu'il pourrait encore entretenir en lui-même pour son salut. Nous ne pouvons penser à la délivrance de la condamnation que procure la mort de Christ sans nous rappeler aussi que Christ nous a acquis le don de l'Esprit Saint et sa grâce. Par l'œuvre de sa grâce dans nos cœurs nous sommes non seulement délivrés de la culpabilité du péché, mais également de son pouvoir. Nous qui sommes nés de nouveau, sommes morts au péché afin qu'il ne règne plus en nous. Ceux qui pensent que la foi, la sainteté et la communion avec Dieu ne représentent que des moyens d'échapper à la colère à venir ont une piètre compréhension de ce que signifie être changé à l'image de la gloire de Dieu. Ces grâces nous rendent capables de porter du fruit au service de Dieu maintenant et nous préparent à devenir un jour semblables à lui.

Par sa mort, Christ a obtenu le rachat éternel pour nous qui constitue le pardon des péchés (Hébreux 9.12; Éphésiens 1.7). Le pardon des péchés appliqué à la conscience des croyants exige l'activité de la foi afin que Christ puisse être reçu selon la promesse : « ... lui qui a été fait pour nous sagesse, et aussi justice, sanctification et rédemption » (1 Corinthiens 1.30). Christ lui-même a porté nos péchés en son corps sur le bois et le Père a accepté l'acquittement de notre dette. Cependant, cette libération de la condamnation ne délivre pas les croyants de la nécessité d'obéir à Dieu.

Notre union avec Christ est telle qu'il est aussi dit de nous que nous avons accompli ces choses avec lui. Ainsi, nous mourons avec lui et sommes ressuscités avec lui. Avec lui aussi nous entrons dans le lieu saint. Après tout ce que notre Tête a fait pour nous, la mort peut-elle encore exercer une autorité sur nous? Comme l'apôtre Paul le déclare dans 2 Corinthiens 5.14, 15 : « ... nous qui avons discerné ceci : un seul est mort pour tous, donc tous [c'est-à-dire ceux pour qui il est mort] sont morts. » Ils sont morts en même temps que lui. Alors qu'il se chargeait de la malédiction que méritaient leurs péchés, en tant que leur intermédiaire, il leur assurait dans l'avenir de pouvoir vivre pour lui, qui est mort pour eux.

L'accord entre le Père et le Fils a exigé que le Sauveur doive offrir sa vie comme une offrande pour le péché. Par là, il parachevait ce que représentaient les sacrifices des taureaux et des boucs, mais qu'ils ne pouvaient jamais amener à la perfection. Le Père a traité avec son Fils dans une justice parfaite, ne réduisant pas la punition dont Christ s'est chargé lui-même. Maintenant que la rançon a été payée, le prisonnier ne devrait-il pas être libre? La dette étant acquittée, la loi n'a plus aucun pouvoir contre le débiteur original.

Notre nature déchue nous rend incapables de tendre vers Dieu et de faire le bien de quelque manière qui soit. Pour que nous soyons ranimés en nouveauté de vie et possédions la foi en Jésus-Christ, l'Esprit Saint doit accomplir cette œuvre en nous. Par l'Esprit, Dieu travaille en nous pour que nous possédions à la fois la volonté et la capacité de faire ce qui lui est agréable (Philippiens 2.13). Nous sommes bénis de toute bénédiction spirituelle en Christ (Éphésiens 1.3). D'une manière spéciale, cela signifie que nous possédons l'Esprit Saint lui-même. Il nous accorde la foi pour que nous recevions le don de l'expiation, soit la réconciliation, par laquelle Dieu est parfaitement satisfait.

Nous constatons donc que tout ce qui concerne notre salut est accompli par la médiation de Christ. La médiation de Christ émane du plan glorieux de Dieu dans le salut et l'accomplit efficacement. Nous reconnaissons cet acte de la volonté de Dieu dans les Écritures sous la doctrine de « l'élection » ou « prédestination » ou « plan de sa volonté en Christ-Jésus ». Cette doctrine même n'est pas à proprement parler l'acte du pardon, non plus que ceux qui sont choisis sont justifiés par ce pardon. C'est par la médiation du sang de Christ que nous sommes réconciliés avec Dieu. Dieu absout du châtiment et de la malédiction de la loi divine ceux pour qui Christ est mort. En envoyant l'Esprit de son Fils dans leurs cœurs, il les conduit dans la voie de l'obéissance et de la sanctification.

Le Sauveur garantit l'amour des saints envers Dieu en enlevant tout ce qui pourrait causer leur séparation de Dieu. Qu'est-ce qui peut entraîner qu'un croyant se détourne de Dieu? Nous pouvons le résumer ainsi : Satan et ses œuvres. Satan est appelé le dieu de ce monde. Le monde sous l'emprise de Satan demeure sous la malédiction de Dieu. Satan utilise le monde comme un instrument pour nous briser et susciter l'envie de nous éloigner de Dieu. Le monde n'a aucun pouvoir en lui-même pour agir de la sorte, mais Satan peut l'utiliser pour ses fins. Jésus a encouragé ses disciples : « Prenez courage j'ai vaincu le monde » (Jean 16.33). Comment Christ traite-t-il avec Satan? Sur la croix, il a vaincu et brisé le pouvoir de Satan, liant l'homme fort et le privant de ses biens.

Il y a deux manières par lesquelles le sang de Christ brise le pouvoir de Satan sur les élus de Dieu :

a. Il enlève le droit que Satan détenait par le péché de dominer les élus de Dieu. Satan règne sur des incroyants par la terreur de la mort et de l'enfer. Il tient de nombreuses âmes dans de cruels esclavages. Il en conduit même certains à commettre des cruautés barbares dans le but de faire l'expiation de leurs propres péchés.

b. Non seulement Satan exerce-t-il son pouvoir sur des hommes, mais en eux, puisqu'il règne dans les enfants de la désobéissance (Éphésiens 2.2). Comment alors Christ détruitil le pouvoir de Satan sur les élus de Dieu? D'abord par sa propre mort qui les soustrait à la domination de Satan. Tout le pouvoir de Satan réside dans la mort. La mort est entrée dans le monde par le péché. Jésus-Christ, en détruisant le péché par sa mort sur la croix, a détruit l'autorité de Satan. Ensuite, Christ dépouille Satan de la capacité d'exercer son pouvoir. Il lie l'homme fort et le prend captif. Christ détruit Satan et ses œuvres. « Le Fils de Dieu est apparu, afin de détruire les œuvres du diable » (1 Jean 3.8). Non seulement lie-t-il l'homme fort, mais il pille ses biens. Par la mort de Christ, le vieil homme est crucifié afin que ce corps de péché soit détruit chez le croyant (Romains 6.6).

Pour résumer cette section, nous pouvons affirmer que la mort de Christ supprime la culpabilité du péché de telle sorte qu'elle ne parviendra jamais à priver les croyants de l'amour de Dieu. Christ a détruit la domination de Satan et le pouvoir du péché de manière si complète dans leur vie, qu'ils ne pourront jamais se détourner complètement de Dieu.

2. *Le Saint-Esprit est venu pour les élus de Dieu par la médiation de Christ à cause de la nouvelle alliance.* Les grâces spirituelles, comme le don de la foi, ne résultent pas de la grâce providentielle de Dieu envers les hommes. La foi nécessaire pour recevoir le pardon du péché ne découle pas de l'alliance des œuvres. Les miséricordes de l'alliance sont obtenues par le médiateur de la nouvelle alliance, qui est Christ. Comme le dit Hébreux 9.15 : « Voilà pourquoi il est le médiateur d'une nouvelle alliance, afin qu'une mort ayant eu lieu pour le rachat des transgressions commises sous la première alliance, ceux qui sont appelés reçoivent la promesse de l'héritage éternel. » Cet héritage promis concernait d'une manière particulière le Saint-Esprit envoyé de la part du Père en réponse à l'intercession

de Christ (Jean 14.16,17). Christ nous encourage à demander le Saint-Esprit au Père, pour que nous puissions avoir une révélation plus complète de Christ (Jean 16.14).

Certaines personnes peuvent craindre, bien qu'elles admettent aisément que le Saint-Esprit est donné aux croyants, de le rejeter sottement et définitivement, de telle sorte qu'il ne revienne pas. De cette manière, leur condamnation ne serait-elle pas plus grande que s'ils ne l'avaient jamais reçu? (Romains 8.14, 15). Les promesses de Dieu — le Père, le Fils et le Saint-Esprit — démontrent les faits suivants :

a. Nous possédons la promesse du Père dans Ésaïe 59.21 : « Quant à moi, voici mon alliance avec eux, dit l'Éternel : Mon Esprit, qui repose sur toi, et mes paroles, que j'ai mises dans ta bouche ne se retireront pas de ta bouche, ni de la bouche de tes enfants, ni de la bouche des enfants de tes enfants, dit l'Éternel, dès maintenant et à toujours. »

b. Nous possédons le témoignage du Fils concernant la présence permanente de son Esprit avec ceux qui croient. En Jean 14.16 il dit : « Et moi, je prierai le Père, et il vous donnera un autre Consolateur qui soit éternellement avec vous. » Cette assurance s'applique non seulement aux disciples à qui il a parlé, mais à tous les croyants, dans toutes les générations qui viendront (Jean 17.20).

c. Enfin, nous possédons le témoignage de l'Esprit. Comme le Père et le Fils ont rendu témoignage dans la parole de la promesse, de la même manière l'Esprit apporte son propre témoignage par la confirmation de son œuvre. Dieu dit dans 2 Corinthiens 1.22 qu'il nous a marqués de son sceau et a mis dans nos cœurs les arrhes de l'Esprit. Le sceau est un terme de pratique tiré de la législation commune dans des transactions civiles. Un sceau est apposé et attesté pour deux raisons :

i. Assurer le secret et la sécurité des choses scellées;

ii. S'assurer que ce qui doit être fait est exécuté. Dans le premier sens, des pièces de monnaie ou d'autres articles sont scellés dans des sacs et gardés en lieu sûr, personne n'osant briser les sceaux. Dans un second sens, les documents légaux de toutes sortes sont rendus valides par les sceaux qui y sont apposés. Le sceau de l'Esprit est donc, dans ce second sens, le moyen par lequel les promesses sont confirmées au croyant.

Le sceau, dans son premier sens, est aussi implicite quand on dit des croyants qu'ils sont scellés pour le jour de la rédemption (Éphésiens 4.30). Leur sécurité et leur préservation sont assurées par l'Esprit pour qu'ils jouissent parfaitement du rachat que Christ leur a acquis.

8. *L'Esprit vit dans les croyants*

Nous considérerons maintenant comment le Saint-Esprit vit en ceux à qui il a été donné. Bien qu'à première vue cette vérité puisse sembler ne pas être directement reliée à la question de la persévérance des saints, cependant, parce qu'elle influence leur vie de foi et leur marche avec Dieu, elle revêt une grande importance. L'une des grandes promesses de l'alliance de la grâce est que l'Esprit habite en nous. Dans Ézéchiel 36.27, Dieu déclare : « Je mettrai mon esprit en vous et je ferai que vous suiviez mes prescriptions et pratiquiez mes ordonnances. » Dieu avait déjà promis à son peuple au verset précédent : « Je vous donnerai un cœur nouveau et je mettrai en vous un esprit nouveau. » Quoique cette déclaration puisse être interprétée comme le renouvellement d'attitude de leur esprit envers Dieu, il s'agit principalement de la promesse du renouvellement de l'Esprit, puisque c'est par lui que nos esprits sont gracieusement restaurés.

Le fait que son Esprit habite en nous constitue l'une des grandes bénédictions attachées à l'alliance du Seigneur, comme il est dit dans Ésaïe 59.21 : « Quant à moi, voici mon alliance avec eux, dit l'Éternel : Mon esprit qui repose sur toi, et mes paroles, que j'ai mises dans ta bouche, ne se retireront point de ta bouche… dit l'Éternel, dès maintenant et à toujours. » Cette promesse de l'Esprit est reprise plus tard dans les paroles de Jésus à ses disciples : « … à combien plus forte raison le Père céleste donnera-t-il l'Esprit Saint à ceux qui le lui demandent » (Luc 11.13).

David, pris de remords à cause de son péché et ayant l'impression que les grâces de l'Esprit étaient presque mortes en lui, s'est écrié dans le Psaume 51.13 : « Ne me rejette pas loin de ta face. Ne me retire pas ton Esprit Saint. » Il reconnaissait que la sanctification était son plus grand besoin et désirait ardemment en être renouvelé par le Saint-Esprit. Paul souligne que le signe de la spiritualité des croyants est d'être habité de l'Esprit. « Si quelqu'un n'a pas l'Esprit de Christ, il ne lui appartient pas » (Romains 8.9). Paul ne parle pas seulement d'une grâce spirituelle, mais du Saint-Esprit lui-même : « l'Esprit de celui qui a ressuscité Christ d'entre les morts » (verset 11). Au verset 15, le Saint-Esprit est appelé « l'Esprit d'adoption ». Par lui nous reconnaissons Dieu comme notre Père. Paul certifie aux croyants que ceux qui ont été adoptés comme enfants de la famille de Dieu ont le privilège de l'appeler Père. « Et parce que vous êtes fils, Dieu a envoyé dans nos cœurs l'Esprit de son Fils, qui crie : Abba! Père! » (Galates 4.6).

Certains peuvent prétendre, même s'il est dit que l'Esprit habite en nous, qu'il est uniquement question des grâces qu'il nous donne, et non de lui-même en tant que personne. Les Écritures marquent une distinction entre l'Esprit et ses grâces. Romains 5.5 l'illustre bien : « … parce que l'amour de Dieu est répandu dans nos cœurs par le Saint-Esprit qui nous a été donné. » Il est manifeste que l'amour de Dieu, qu'il s'agisse de son amour pour nous ou de notre amour pour lui, est une grâce spéciale qui nous a été accordée. Mais cette grâce ne doit pas être confondue avec le Saint-Esprit par lequel toutes grâces sont versées dans nos cœurs.

Dans les Écritures, le Saint-Esprit est présenté comme une personne et non comme une grâce impersonnelle. La personnalité de l'Esprit est soulignée de trois façons :

1. Ses titres personnels
2. Ses actes personnels
3. Les situations dans lesquelles il apparaît personnellement

Considérons ces trois manières.

1. <u>Ses titres personnels</u>. L'apôtre Jean parle ainsi de l'Esprit qui nous habite : « … celui qui est en vous est plus grand que celui

qui est dans le monde » (I Jean 4.4). Notre Seigneur, parlant à ses disciples du Consolateur (ou Conseiller), de l'Esprit de vérité, a dit qu'il allait rester avec eux pour toujours. Ils le connaîtraient « ... car il demeure avec vous, et il sera en vous » (Jean 14.16-17).

2. <u>Ses actes personnels</u>. Romains 8.11 parle précisément du travail du Saint-Esprit : « Et si l'Esprit de celui qui a ressuscité Jésus d'entre les morts habite en vous, celui qui a ressuscité le Christ-Jésus d'entre les morts donnera aussi la vie à vos corps mortels par son Esprit qui habite en vous. » Et Romains 8.16 : « L'Esprit lui-même rend témoignage à notre esprit que nous sommes enfants de Dieu. »

3. <u>Les situations dans lesquelles il apparaît personnellement</u>. Dans I Corinthiens 3.16, les saints sont décrits comme un temple dans lequel Dieu demeure : « Ne savez-vous pas que vous êtes le temple de Dieu, et que l'Esprit de Dieu habite en vous? » La même référence au Saint-Esprit résidant dans les croyants se trouve dans I Corinthiens 6.19, quand l'apôtre Paul utilise ce fait comme un avertissement puissant pour les croyants de s'éloigner de l'impudicité. « Ne savez-vous pas ceci : votre corps est le temple du Saint-Esprit qui est en vous et que vous avez reçu de Dieu... ? » Au temps de Paul, un temple païen était considéré comme mauvais en raison du dieu du mal avec lequel il était associé. Mais les croyants sont le temple du Dieu vivant, parce que l'Esprit habite en eux volontairement.

Sans équivoque, on ne peut prétendre de grâces impersonnelles qu'elles demeurent dans un temple. Ce sont des bienfaits accordés à ceux qui ont l'Esprit.

Il en ressort d'importants effets et de grands avantages dans la vie de ceux qui sont habités par l'Esprit. Le premier est une union spirituelle avec le Seigneur Jésus-Christ. Le résultat de l'œuvre de l'Esprit dans notre expérience est la communion avec Christ. Le même Esprit qui demeure en lui demeure aussi en nous, et comme le dit Pierre, nous devenons participants de la nature divine. (2 Pierre 1.4). Christ a dit que cette union est possible en mangeant sa chair et en buvant son sang (Jean 6.56). Plusieurs ont été offensés par ces paroles parce qu'ils n'en comprenaient pas le sens. Jésus a dû leur dire : « C'est l'Esprit qui vivifie. La chair ne sert de rien » (Jean 6.63). Quand l'Esprit qui donne la vie demeure en nous, nous devenons participants de la vie de Christ. Dans sa prière sacerdotale dans Jean 17, Christ a demandé que son peuple puisse connaître cette union avec lui (verset 21). L'unité des croyants les uns avec les autres pour laquelle il a aussi prié, afin qu'ils deviennent un seul corps, émane de Christ, puisqu'il est la tête. Le Sauveur a dit que cette union est le reflet de son union avec le Père : « Moi en eux, et toi en moi » (Jean 17.23).

Les Écritures fournissent plusieurs illustrations de cette union entre Christ et son peuple. Celle de la tête et des membres formant un seul corps est souvent utilisée. Christ est la tête du corps de l'Église (Colossiens 1.18), dont il est le Sauveur (Éphésiens 5.23). Par la connaissance du Fils de Dieu et par une maturité croissante, les croyants grandiront en toutes choses en celui qui est le chef, Christ (Éphésiens 4.13-15). « De lui, le corps tout entier bien ordonné et cohérent, grâce à toutes les jointures qui le soutiennent fortement, tire son accroissement dans la mesure qui convient à chaque partie, et s'édifie lui-même dans l'amour » (verset 16). Ils deviennent un corps indivisible par l'œuvre de l'Esprit vivifiant qui demeure en eux.

Une autre image fréquemment employée dans les Écritures pour parler de la relation de Christ avec son peuple est celle du mari et de la femme. En citant Genèse 2.24, Paul voit cette relation caractériser dès le début de l'histoire ce qui arriverait dans l'avenir. « C'est pourquoi l'homme quittera son père et sa mère pour s'attacher à sa femme, et les deux deviendront une seule chair. Ce mystère est grand; je dis cela par rapport à Christ et à l'Église » (Éphésiens 5.31, 32).

Une autre illustration est celle d'un arbre — la vigne ou l'olivier. Christ a dit : « Moi, je suis le cep; vous, les sarments » (Jean 15.5). « Demeurez en moi, comme moi en vous » (verset 4). De même, les branches greffées sur l'olivier sont nourries de la même sève qui se trouve aux racines et dans les autres branches, afin qu'elles portent du fruit. Le même Esprit portant du fruit est en Christ et dans son peuple. Cet Esprit habitait sans mesure en Christ, le Fils de Dieu (Jean 3.34), et il nous est communiqué par Christ.

L'Esprit qui nous habite nous donne une vie complètement nouvelle, à nous qui étions morts dans nos offenses et nos péchés. On dit aussi de Christ qu'il est notre vie, comme l'apôtre le souligne dans Colossiens 3.4. Et il affirme aussi dans Galates 2.20 que Christ vit en moi. Nous voyons donc que les expressions « Christ habite en vous » et « son Esprit habite en vous » veulent dire la même chose.

L'Esprit qui nous habite dirige et guide tous ceux en qui il habite, afin qu'ils sachent comment ils doivent vivre. Paul dans Romains 8.14, parle de la direction de l'Esprit accordée seulement aux enfants de Dieu. « Car tous ceux qui sont conduits par l'Esprit de Dieu sont fils de Dieu. » L'Esprit dirige de deux façons : (a) il montre aux enfants de Dieu la voie à suivre et (b) il les soutient dans leur marche. En d'autres termes, la Parole de Dieu nous communique les règles de Dieu pour nos vies, et l'Esprit nous fortifie efficacement afin que nous puissions marcher dans les voies que Dieu a désignées pour nous. L'Esprit nous aide dans notre croissance spirituelle et nous fait comprendre quelle est la volonté de Dieu pour nous. Notre compréhension des Écritures n'est pas le résultat de nos aptitudes naturelles, mais une révélation de Dieu par son Esprit. La Parole de Dieu nous montre expressément la voie sur laquelle nous devons marcher, et chaque croyant peut dire : « Ta Parole est une lampe à mes pieds, et une lumière sur mon sentier » (Psaumes 119.105). Une lumière peut briller vivement sur le sentier d'un homme aveugle, mais cela ne lui sera d'aucune utilité si sa vue n'est pas restaurée. De même, à moins que l'Esprit de lumière ne brille dans nos cœurs et nos esprits, nous demeurons « aveugles » ou « myopes » (2 Pierre 1.9).

Il est possible d'avoir une compréhension naturelle de la vérité, mais la « lumière en nous sera encore ténèbres » (Matthieu 6.23). Nous pouvons reconnaître et même apprécier la vérité de la Parole de Dieu, mais elle restera inefficace dans nos vies si elle n'est pas reçue avec la foi (Hébreux 4.2). « L'homme animal ne reçoit pas les choses de l'Esprit de Dieu... il ne peut les connaître parce que c'est spirituellement qu'on en juge » (I Corinthiens 2.14). Mais quand le Saint-Esprit se manifeste aux pécheurs, il les conduit dans toute la vérité (Jean 16.13). Comme le déclare Jean, l'onction qu'ils reçoivent de lui demeure en eux et ils n'ont pas besoin qu'on leur enseigne (I Jean 2.27).

Ainsi que nous l'avons dit précédemment, l'Esprit guide les croyants en leur donnant gracieusement lumière et puissance. Il fait briller la vérité d'un éclat glorieux, et elle devient attirante pour le croyant qui la reçoit avec joie. L'Esprit de Dieu versé en nous est comparable à un fleuve dans le désert (Ésaïe 35.5-6). Et il accorde la force au même titre que la lumière. L'aveugle voit, les oreilles du sourd entendent, le boiteux saute comme un cerf et le muet crie de joie. L'Esprit ne met pas seulement en évidence certaines vérités spirituelles de façon générale, il explique aussi des vérités individuelles. Celles-ci sont reçues avec joie par le croyant.

Plusieurs personnes n'ont pas l'Esprit de Dieu vivant en eux. Romains 1.21-22 dit : « ... ils se sont égarés dans de vains raisonnements, et leur cœur sans intelligence a été plongé dans les ténèbres. Se vantant d'être sages, ils sont devenus fous. » D'autres personnes réalisent un certain progrès dans la compréhension spirituelle, mais ne connaissent rien de la puissance de la vérité dans leur vie. Elles abordent les choses spirituelles seulement d'un point de vue naturel.

L'Esprit soutient les croyants dans leurs fardeaux et leurs épreuves. Il console le croyant troublé de deux manières. Premièrement, de la même manière que Christ savait fortifier ses disciples, le Consolateur nous rappelle ce que Christ enseignait (Jean 14.26). Deuxièmement, c'est que l'Esprit fortifie notre vie spirituelle et ranime notre esprit. Paul a constaté que la grâce de Dieu en lui était telle, qu'il pouvait même glorifier Dieu dans ses afflictions (Romains 5.3). Non seulement la grâce de Dieu nous rend-elle patients dans nos souffrances en nous donnant la force de les supporter, mais nous pouvons même nous en réjouir. Ce verset nous dit également que « la tribulation produit la persévérance, la persévérance une fidélité éprouvée, et la fidélité éprouvée l'espérance. » Et tout cela se produit parce que « l'amour de Dieu est répandu dans nos cœurs par le Saint-Esprit qui nous a été donné » (verset 5).

Une des grâces que l'Esprit donne consiste à nous soumettre à des restrictions. De cette façon, il garde les êtres humains, même ceux qui ne le connaissent pas, d'aller trop loin dans les désirs erronés. Et aux croyants, Dieu promet de mettre ses lois dans leurs esprits et de les écrire dans leurs cœurs (Jérémie 31.33). Il les rend capables de faire toute sa volonté avec joie. Quand les croyants sont fortement tentés par Satan, l'Esprit les retient de faire le mal.

Pierre a renié son Seigneur en jurant, mais il fut restreint par le regard de Christ qui l'amena à se repentir et fut rempli d'une grande tristesse. « Il sortit, et dehors il pleura amèrement » (Matthieu 26.75). Les croyants ressentent souvent les restrictions que Dieu leur impose en les empêchant d'être soumis aux inclinations naturelles de leurs cœurs.

L'Esprit renouvelle quotidiennement notre vie spirituelle par la sanctification sans laquelle nos âmes se faneraient. L'Esprit est comme la sève qui coule dans l'olivier, gardant ses branches bien vivantes et donnant beaucoup de fruits. Constamment, il remplit nos lampes avec de l'huile fraîche, et renouvelle la vigueur de notre esprit (Psaume 92.11). David se réjouissait à la pensée que Dieu voulait le rassasier de biens jusque dans sa vieillesse (Psaume 103.5). Quelles sont ces bonnes choses? Il s'agit sûrement des mêmes choses que le Sauveur avait enseignées à ses disciples à demander à son Père. « Si donc, vous qui êtes mauvais, vous savez donner de bonnes choses à vos enfants, à combien plus forte raison votre Père qui est dans les cieux en donnera-t-il de bonnes à ceux qui les lui demandent » (Matthieu 7.11). Du passage parallèle dans Luc 11.13, il est évident qu'il fait référence au don de l'Esprit Saint. Toutes grâces spirituelles sont le fruit de l'Esprit (Galates 5.22-23). Dans un arbre, si les racines ne produisent pas de sève fraîche, les fruits se flétriront rapidement. Paul prie donc pour les saints d'Éphèse qu'ils soient « enracinés et fondés dans l'amour... remplis jusqu'à toute la plénitude de Dieu » (Éphésiens 3.17-19).

L'Esprit est comme une fontaine déversant continuellement les eaux vives de la grâce. Comme Christ a dit à la femme de Samarie : « mais celui qui boira de l'eau que je lui donnerai n'aura jamais soif, et l'eau que je lui donnerai deviendra en lui une source d'eau qui jaillira jusque dans la vie éternelle » (Jean 4.14). L'eau promise à cette femme était le Saint-Esprit. « Celui qui croit en moi, des fleuves d'eau vive couleront de son sein... Il dit cela de l'Esprit qu'allaient recevoir ceux qui croiraient en lui » (Jean 7.38-39). La personne qui possède cet Esprit de grâce, cette fontaine d'eau vive, ne connaîtra jamais la soif spirituelle et éternelle.

Il existe deux genres de soif. Il y a cette soif physique naturelle qui revient, même après avoir été étanchée. En parallèle avec elle se trouve la soif spirituelle attribuée au peuple méchant décrit dans Ésaïe 65.13. Leur faim et leur soif sont occasionnées par une absence totale de la grâce de Dieu. Il existe aussi une soif de bonnes choses : « Heureux ceux qui ont faim et soif de justice, car ils seront rassasiés! » (Matthieu 5.6). Pierre encourage les élus de Dieu qui sont étrangers dans le monde, à cultiver une soif d'une telle nature : « Désirez comme des enfants nouveaux-nés (sic) le lait non frelaté de la parole, afin que par lui vous croissiez pour le salut, si vous avez goûté que le Seigneur est bon » (1 Pierre 2.2-3). L'Esprit suscite et encourage cette sorte de soif.

Nous pouvons donc résumer la promesse de Christ ainsi. Ceux à qui l'Esprit est donné pour qu'il demeure en eux pour toujours ne seront jamais réduits à la privation totale et ils persévéreront certainement jusqu'à la fin.

9. *Christ prie pour les croyants*

Plusieurs ont déjà écrit au sujet de l'intercession de Christ et démontré comment celle-ci s'avère un complément au salut parfait du croyant. Ils ont établi que le souverain sacrificateur de l'Ancien Testament, qui entrait dans le Saint des Saints une fois l'an pour y porter le sang qu'il offrait pour lui-même et pour les péchés du peuple, illustre de façon éclatante l'intercession céleste de Christ (Hébreux 9.7). Nous proposons donc de ne pas revenir à la première alliance, mais de considérer comment Christ intercède pour les croyants de manière à ce qu'ils soient préservés dans l'amour et la puissance du Père.

Christ a comparu pour nous devant Dieu (Hébreux 9.24) tel notre avocat, pour plaider en notre faveur devant le trône du jugement de Dieu. Les Écritures disent qu'il « peut sauver parfaitement ceux qui s'approchent de Dieu par lui, étant toujours vivant pour intercéder en leur faveur » (Hébreux 7.25). Que demande-t-il en faveur de ceux pour lesquels il plaide? Serait-ce qu'étant croyants et persévérant en tant que tels, ils puissent être sauvés? Ou qu'ils puissent croire et continuer à marcher comme des croyants et être sauvés?

Examinons la première de ces alternatives. Christ n'a pas besoin de prier en ce sens, puisqu'il s'agit d'un principe établi de l'évangile que « celui qui croit sera sauvé ». La vérité et l'immuabilité de Dieu assurent qu'il en sera ainsi. Cette déclaration de Dieu ne peut faillir quand bien même pas une seule personne ne persévérerait à croire jusqu'à la fin. Si c'est la seule raison pour laquelle Christ intercède en faveur de l'Église, son salut n'est donc pas garanti. Assurément, le but de l'intercession de Christ doit dissiper cette incertitude.

Considérons de plus près la signification de l'entrée du souverain sacrificateur dans le Saint des Saints le Jour de l'expiation. C'est une représentation de l'intercession de Christ.

Avant que le souverain sacrificateur ne soit entré, un sacrifice avait déjà été offert sur l'autel et le sang, qui devait être porté dans le lieu saint, avait été versé. L'entrée du souverain sacrificateur devait achever l'œuvre d'expiation et faire la paix avec Dieu en faveur de ceux pour qui le sacrifice était offert. Le sacrificateur entrant avec le sang devait le présenter pour lui-même et pour les péchés du peuple (Hébreux 9.7), mais l'offrande était la continuation du sacrifice déjà achevé à l'extérieur, sur l'autel dans la cour du temple. L'entrée du souverain sacrificateur représentait la suppression de la culpabilité des péchés du peuple et la paix continue avec Dieu. En parallèle, mais de façon plus efficace, l'intercession de Christ assure la délivrance du croyant de toute culpabilité par rapport au péché et sa préservation dans l'amour et la puissance de Dieu.

La prière sacerdotale de Christ dans Jean 17 peut être considérée comme l'encens avec lequel il est entré dans le lieu saint. Il est entré au ciel avec ce doux parfum, aspergé de son propre sang. Ainsi, il prie en faveur de ceux qui croient vraiment en lui : « Père saint, garde-les en ton nom... afin qu'ils soient un comme nous » (Jean 17.11). À la veille de sa mort, il a prié pour eux, afin qu'ils soient gardés du péché et de tout ce qui pourrait entraver leur union avec lui. Si ceux pour qui Christ prie ne sont pas gardés dans l'amour de Dieu, soit que sa prière demeure sans réponse, ou que le Père est impuissant à les garder. La force de leur corruption intérieure et de la tentation est telle, que laissés à eux-mêmes, ils seraient incapables de tenir bon jusqu'à la fin. C'est pourquoi Christ intercède si puissamment devant Dieu pour eux. Il plaide : « Garde-les en ton nom — que ta grâce s'avère suffisante pour eux. » Le Seigneur Jésus reconnaît que le monde dans lequel les croyants vivent est trompeur et s'oppose à eux. Cependant, il ne prie pas qu'ils soient ôtés du monde, mais qu'ils soient préservés de la puissance du malin. Il a à l'esprit non seulement les apôtres qui l'entourent, mais aussi tous ceux qui croiraient en lui jusqu'à la fin du monde (verset 20). Nous pouvons voir alors que dans son intercession, Christ demande la protection des croyants dans l'amour et la puissance de Dieu. Sa prière est qu'ils puissent être préservés de tout ce qui nuirait à leur communion avec Dieu. Affirmer que ces croyants peuvent être préservés pour autant qu'ils ne s'éloignent pas volontairement de Dieu revient à dire qu'ils seront préservés uniquement s'ils se préservent eux-mêmes.

Dans Romains 8 nous voyons la force de l'argument que Paul utilise pour établir la certitude de la persévérance des croyants. Aux versets 33 et 34, il dit : « Qui accusera les élus de Dieu? Dieu est celui qui justifie! Qui les condamnera? Le Christ-Jésus est mort; bien plus, il est ressuscité, il est à la droite de Dieu, et il intercède pour nous! » La libération de la condamnation des croyants justifiés est fondée sur le sacrifice et l'intercession de Christ. Qui les condamnera? Christ est mort. Les croyants sont libérés du châtiment, parce que tous leurs péchés ont été placés sur Jésus, qui a subi le châtiment pour eux. Par sa mort, il a satisfait parfaitement à la justice de Dieu pour eux. Par conséquent, Dieu ne peut plus les punir pour quoi que ce soit. Non seulement Christ est-il mort, mais il est ressuscité, il est assis à la droite de Dieu et intercède pour eux. La résurrection de Christ signifie qu'il est acquitté de tous les péchés qu'il a portés (et nous en lui). « Après avoir accompli la purification des péchés, il s'est assis à la droite de la majesté divine dans les lieux très-hauts » (Hébreux 1.3). C'est la déclaration la plus complète qui soit de l'acquiescement du Père concernant l'œuvre qu'il avait promis d'accomplir. Possédant maintenant la toute-puissance en tant que Seigneur ressuscité et glorifié, il démontre sa bonne volonté et le soin qu'il prend pour notre salut en intercédant pour nous. Nous pouvons donc déclarer que ceux contre qui aucune accusation ne peut être portée, ne peuvent d'aucune façon être séparés de l'amour de Dieu en Christ! Ils ne peuvent jamais totalement et pour toujours abandonner la foi et être exclus de la faveur de Dieu.

10. Comment doit être utilisée la doctrine de la persévérance finale

Ce que les Écritures enseignent sur la persévérance des saints ne peut manquer d'avoir un impact sur leur obéissance et leur consolation. Leur obéissance, bien sûr, importe plus que leur consolation parce que celle-ci honore Dieu davantage. L'obéissance des croyants doit être basée sur ce que dit la Parole de Dieu. Chaque vérité révélée doit être reçue avec foi et amour. Même ces vérités pour lesquelles nous ne pouvons discerner d'utilisation immédiate dans notre communion avec Dieu devraient être acceptées, parce que toute vérité vient de Dieu.

L'Écriture est une révélation de la volonté et de la grâce de Dieu. Le but ultime de l'Écriture est de nous rendre semblables à Dieu. « Toute Écriture est inspirée de Dieu, et utile… afin que l'homme de Dieu soit adapté et préparé à toute œuvre bonne » (2 Timothée 3.16-17). Paul, dans Tite 1.1, parle de la connaissance de la vérité qui conduit à la sainteté. Le désir de Dieu c'est notre sanctification (1 Thessaloniciens 4.3-5). Les Écritures sont l'instrument par lequel Dieu produit notre sainteté, comme Jésus l'a dit : « Sanctifie-les par ta vérité, ta parole est la vérité » (Jean 17.17). Chaque vérité de l'évangile a l'effet énoncé dans 2 Corinthiens 3.18 : « Nous tous, qui le visage dévoilé, reflétons comme un miroir la gloire du Seigneur, nous sommes transformés en la même image, de gloire en gloire, comme par le Seigneur, l'Esprit. » À moins que cette transformation ne se produise dans nos vies, nous n'avons pas reçu la vérité de l'évangile. Paul l'énonce de façon évidente dans Tite 2.11-12. À savoir, quoi que les hommes puissent revendiquer pour eux-mêmes, « la grâce de Dieu… nous enseigne à renoncer à l'impiété et aux désirs du monde, et à vivre dans le siècle présent d'une manière sensée, juste et pieuse. » Nous devons reconnaître que certaines vérités incitent à la sainteté plus fortement que d'autres. C'est particulièrement vrai de l'amour de Christ. Dans 2 Corinthiens 5.14, il est écrit que l'amour de Christ nous presse. D'autres vérités peuvent persuader, et elles le font effectivement, mais c'est l'amour de Christ qui nous presse. L'Écriture met une grande insistance sur ces doctrines qui produisent la sainteté du cœur et mènent à la foi, à l'amour et à la révérence envers Dieu. Les croyants sont appelés à glorifier Dieu de cette manière.

Nous devons être guidés par ce que les Écritures affirment concernant les vérités qui conduisent à la sainteté, plutôt que de dépendre de la sagesse des hommes. Les opinions des hommes varient tellement que nous ne pouvons jamais nous y fier avec certitude. Nous pouvons argüer que si l'acceptation d'une vérité particulière dispose à la sainteté, nous devrions par conséquent y attacher une grande valeur. Un autre argument soutient que si une certaine ligne d'enseignement nous incite à une sainteté plus grande, il doit s'agir de la vérité. Mais une telle supposition peut s'avérer dangereuse. Tout enseignement qui ne peut produire d'autre preuve de sa capacité à nous rendre saints que les opinions des hommes, doit être rejeté. Nous devons examiner de plus près ce que les Écritures entendent par l'obéissance à l'évangile.

Nous pouvons peut-être la définir simplement comme la soumission volontaire et cohérente d'une personne à la volonté de Dieu. David l'a reconnu quand il a déclaré : « Je prends plaisir à faire ta volonté, mon Dieu! Et ta loi est au fond de mon cœur » (Psaume 40.9). L'apôtre Paul rappelle aux croyants de Rome de pratiquer cette soumission à la volonté de Dieu. Il dit : « Je vous exhorte donc, frères, par les compassions de Dieu, à offrir vos corps comme un sacrifice vivant, saint, agréable à Dieu, ce qui sera de votre part un culte raisonnable. Ne vous conformez pas au monde présent, mais soyez transformés par le renouvellement de l'intelligence... » (Romains 12.1-2). L'obéissance à l'évangile ne diffère pas essentiellement de ce que la loi de Dieu exige, mais ses principes sous-jacents et son but appartiennent uniquement à l'évangile.

Nous considérerons quatre aspects de l'obéissance à l'évangile :

1. Sa nature
2. La source de sa présence en nous
3. Ses motifs
4. Ceux qui obéissent

Notre but consiste ainsi à démontrer que la doctrine de la persévérance des croyants conduit vraiment à l'obéissance, même si certains aimeraient prétendre le contraire.

1. *L'obéissance consiste à faire toutes les choses et seulement les choses que Dieu commande.* Certains actes intérieurs d'obéissance découlent de la foi et de l'amour. Il existe aussi des actes extérieurs liés à des devoirs religieux que Dieu nous a commandé de faire. Tout ce que nous entreprenons en tant que chrétiens, et ce que nous continuons à faire, doit être fondé sur la foi, parce que « sans la foi il est impossible de lui plaire » (Hébreux 11.6). Paul, dans Romains 1.5, parle de l'obéissance qui vient de la foi, parce que Christ habite en nos cœurs par la foi (Éphésiens 3.17). Ainsi, comme a déclaré Jésus : « ... sans moi, vous ne pouvez rien faire » (Jean 15.5). Le résultat premier de notre obéissance consiste à glorifier Dieu qui nous récompense non selon nos œuvres, mais selon sa grâce et sa miséricorde.

2. *Quelle peut être la source de l'obéissance chrétienne?* Dans chaque chrétien né de nouveau, deux principes opposés sont

à l'œuvre — la chair et l'esprit; la vieille nature et la nouvelle nature; la présence à la fois du péché et de la grâce. L'Esprit seul peut susciter l'obéissance en nous. Ceux qui sont de nouvelles créatures en Christ-Jésus sont fortifiés par la puissance de son Esprit (Éphésiens 3.16-19). Puisque l'Esprit vit en eux, leur foi, leur amour et leur connaissance augmentent. Le principe opposé — la chair — conduit seulement aux œuvres de la chair, comme Jésus a dit à Nicodème : « Ce qui est né de la chair est chair » (Jean 3.6). Nous pourrions nous demander : « Est-il possible que l'obéissance soit abominable aux yeux de Dieu? » Oui, il peut en être ainsi, si l'obéissance émane de l'égoïsme et de la crainte d'être puni (2 Rois.17.25, 32-34).

3. Quels sont alors les motifs qui devraient régir l'obéissance chrétienne? Ils doivent produire la foi et l'amour envers Dieu, attirant le croyant plus près de Dieu. À mesure que le chrétien grandit dans sa compréhension de la vérité de l'évangile, son obéissance augmente. La grâce de Dieu en nous a l'effet de subjuguer le péché dans nos vies. L'amour de Christ, démontré par sa mort sur la croix, est la vérité qui nous conduit à l'obéissance. La loi humilie une personne devant Christ, tandis que l'évangile humilie une personne en Christ. Dans Romains 6, Paul établit de quelle façon le corps du péché doit être mis à mort. Il atteste la folie d'essayer d'administrer notre propre justice en recourant aux œuvres de la chair comme souffrances volontaires. Ceux qui le font n'ont aucune compréhension de ce que signifie la justice de Dieu.

4. Qui sont ceux qui sont inspirés par la doctrine de la vraie persévérance des chrétiens dans la sainteté et l'obéissance? Ceux qui le croient vraiment! Dieu leur enseigne à ne pas faire de la grâce de Dieu une excuse pour pécher. Savoir que l'amour de Dieu envers les croyants ne peut s'altérer est une motivation puissante à l'obéissance, même si les incroyants remettent une telle chose en question. Tous les découragements sont dissipés, de même que tout ce qui risquerait d'affaiblir leur foi en Dieu. Ils jouissent d'une parfaite liberté à travers Christ, et tout ce qui rendrait leur obéissance inacceptable aux yeux de Dieu est emporté au loin.

Un chrétien qui compte sur ses propres efforts au lieu de compter sur l'amour et la fidélité de Dieu pour se préserver ne peut connaître la paix. Il peut se rappeler que les anges déchus avaient connu les joies du ciel, quoique maintenant ils soient confinés pour toujours en enfer. Il ne serait d'aucun réconfort pour lui de se rappeler qu'Adam n'a pas persévéré dans le paradis, même si à l'origine il n'était pas habité par le péché qui l'a séduit à succomber à la tentation. Un tel chrétien ne crierait-il pas : « N'existe-t-il aucune promesse de Dieu sur laquelle je puisse compter, ou une prière de Christ à laquelle je puisse m'accrocher? »

De telles pensées négatives contre Dieu affaiblissent notre amour pour lui et ne peuvent être entretenues longtemps, quand on considère l'amour de Dieu envers nous Sophonie 3.17 l'exprime si bien : « L'Éternel, ton Dieu, est au milieu de toi un héros qui sauve; il fera de toi sa plus grande joie; il gardera le silence dans son amour pour toi; il aura pour toi une triomphante allégresse. »

Le peuple de Dieu, ainsi assuré de son amour et rendu vivant par son Esprit, se verra dans l'obligation de rechercher la sainteté en reconnaissance à Dieu et par honneur pour son nom (2 Corinthiens 7.1). Est-il possible de supposer que ceux que Dieu a appelés héritiers du ciel et de la gloire soient prêts à s'adonner à toutes sortes de méchancetés parce qu'ils savent que l'amour de Dieu pour eux est inchangeable? Est-il concevable que le peuple de Dieu, se sachant aimé d'un amour éternel de la part de Dieu, puisse alors entretenir de la haine envers lui?

Ceux qui s'opposent à la doctrine de la persévérance des saints prétendent parfois que l'obéissance ne peut être provoquée que si la chair est retenue par la crainte du châtiment et de l'enfer. Mais la chair et toutes ses œuvres doivent être mises à mort. L'apôtre donne une brève réponse à tous ceux qui disent : « Demeurerions-nous dans le péché, afin que la grâce abonde? Certes non! » Sa réponse constitue un démenti emphatique : « NON! » (Romains 6.2).

Que veut dire mettre à mort la chair? Romains 8.13 déclare : « Si vous vivez selon la chair, vous allez mourir; mais si par l'Esprit vous faites mourir les actions du corps, vous vivrez. » C'est donc par l'Esprit que les croyants le font, non pas à cause de la crainte de l'enfer et du châtiment. Plusieurs ont essayé par leurs propres efforts de tuer les désirs de la chair sans jamais réussir. Tout ce que l'obéissance à la loi peut parvenir à faire est de restreindre le péché. Elle ne peut jamais le supprimer. Par quel moyen alors l'Esprit met-il à mort notre nature pécheresse? Il utilise ce que Christ a accompli à la croix par sa mort, et l'amour qu'il a ainsi démontré. Voilà ce qui provoque la mort véritable du péché pour le croyant. « ... la croix de notre Seigneur Jésus-Christ, par qui le monde est crucifié pour moi, comme je le suis pour le monde » (Galates 6.14). L'amour de Christ nous étreint et « il est mort pour tous, afin que les vivants ne vivent plus pour eux-mêmes, mais pour celui qui est mort et ressuscité pour eux » (2 Corinthiens 5.15).

La foi en Dieu et en Jésus-Christ, la base de l'obéissance de tous les croyants, est renforcée par l'assurance qu'ils persévèreront jusqu'à la fin. La découverte de la bienveillance de Dieu à leur égard augmente leur foi en Dieu le Père et au Seigneur Jésus-Christ comme médiateur. Ils savent que puisque Dieu a commencé une bonne œuvre en eux, il les perfectionnera pour le Jour de Jésus-Christ. Celui qui a donné à son peuple une nouvelle vie quand ils étaient morts dans leurs offenses et leurs péchés, est celui qui les gardera jusqu'à la fin, en dépit de la puissance des tentations de Satan et de la nature pécheresse de leurs propres cœurs.

Quand Dieu nous fait connaître son amour, notre foi est affermie et notre amour pour lui grandit. « Pour nous, nous aimons parce qu'il nous a aimés le premier » (1 Jean 4.19). La crainte du Seigneur nous amène à en persuader d'autres, mais l'amour de Christ nous persuade de vivre pour lui. Celui à qui l'on a beaucoup pardonné aime beaucoup.

La persévérance des saints démontre la gloire de l'amour de Dieu. Cet amour possède trois caractéristiques, lesquelles garantissent la persévérance des croyants.

1. La liberté
2. L'immuabilité
3. L'abondance des fruits

1. La liberté de l'amour de Dieu. Dieu a d'abord aimé son peuple non parce qu'ils étaient meilleurs que les autres, mais à cause de sa grâce. Il continue à les aimer non pas à la condition qu'ils atteignent un certain degré de sainteté, mais afin qu'ils soient saints. Qui peut résister à l'amour de Dieu? Notre réponse à l'amour de Dieu consiste à l'aimer en retour et à lui obéir.

2. L'immuabilité de l'amour de Dieu. Nous avons vu précédemment la constance de l'amour de Dieu dans Sophonie 3.17. Il s'agirait certes d'un déshonneur pour Dieu de déclarer qu'il aime son peuple un jour et le haïr le lendemain. Pourrait-il se réjouir en eux un jour et les destiner à l'enfer le jour suivant? Bien que les humains ne puissent toujours être certains des réactions de ceux qu'ils aiment, il ne peut jamais en être ainsi de Dieu, « devant qui toutes choses sont mises à nu et à découvert. » Certains peuvent prétendre que les gens changent par rapport à ce qu'ils étaient au début, quand Dieu les a aimés le premier, et que par conséquent, son amour change aussi. Mais nous demandons : « Qu'est-ce qui a premièrement entraîné qu'ils soient aimés? » N'était-ce pas le Seigneur? Se sont-ils rendus différents des autres? Ne les a-t-il pas aimés à cause de sa grâce? N'est-ce pas lui qui les a aimés le premier et qui les a gardés dans cet état d'êtres aimés? S'il avait décidé de ne pas les préserver dans son amour, pourquoi les aurait-il aimés le premier? La certitude de l'immuabilité de l'amour de Dieu est très précieuse pour son peuple.

3. Les fruits dans la vie des croyants abondent grâce à l'amour de Dieu. L'amour d'une mère pour ses enfants fait en sorte qu'elle sacrifie tout pour leur protection. D'une façon beaucoup plus grandiose, Dieu utilisera sa toute-puissance pour la préservation de ses saints. Nous voyons que la doctrine de leur persévérance glorifie l'amour de Dieu par les fruits qui abondent. Puisqu'il aime d'un amour éternel, il nous attire donc avec bonté (Jérémie 31.3). De cet amour découlent continuellement de telles provisions de son Esprit et de sa grâce que son peuple ne manquera de rien (Psaume 23.1). Nous qui avons été tellement bénis, pouvons-nous résister aux influences de la grâce qu'il déverse sur nous? Christ devient très précieux à nos yeux. Par sa mort, nous avons la paix avec Dieu, car il nous a obtenu la rédemption éternelle et nous a réconciliés avec Dieu. Il n'a pas souffert pour nous à ce point pour que la fin soit incertaine, selon que nous l'acceptions ou le refusions, suivant la décision de notre nature pécheresse. Il conduira plutôt à Dieu inéluctablement ceux pour qui il est mort, il les justifie, les sanctifie et les préserve par son Esprit et par sa grâce.

11. Évaluation de certains passages de l'Écriture parfois utilisés contre la doctrine de la persévérance des saints

Dans ce dernier chapitre, nous considérerons certains textes de l'Écriture que certaines personnes ont tordus afin de prouver pour leur propre satisfaction la possibilité de l'apostasie des saints. Certaines personnes avancent que si Dieu pardonne gracieusement le péché, ils peuvent donc vivre dans l'immoralité. L'évangile devient pour eux une « odeur de mort ». Il est le « parfum de vie » à ceux qui le reçoivent de tout cœur et y obéissent.

Paul souligne que c'est la volonté de Dieu que chaque croyant soit saint (1 Thessaloniciens 4.3). Tout enseignement qui détourne les individus de leur marche avec Dieu ne vient pas de Dieu, mais du malin. Néanmoins, même ces soi-disant enseignants chrétiens n'admettront pas que leurs enseignements constituent la cause d'une vie impie. Certains ont établi des systèmes basés sur les mérites humains, la pénitence, etc., à la place des mérites de Christ. Paul souligne que ces préceptes « ont une apparence de sagesse, en tant que culte volontaire, humilité et rigueur pour le corps, mais qui ne méritent pas d'honneur et contribuent à la satisfaction de la chair » (Colossiens 2.23).

Si une personne ne sait pas ce qu'est la vraie sainteté, comment peut-elle juger quelles doctrines la soutiennent vraiment? Que pouvons-nous dire d'un individu qui croit détenir la puissance de se soumettre à Dieu dans l'obéissance? Qu'en est-il de la personne qui pense que les menaces de l'enfer constituent les motifs les plus puissants pour susciter l'obéissance? Tout chrétien authentique saura que la grâce de Dieu est nécessaire pour faire le bien. Le jugement de ceux qui ne sont pas de véritables croyants doit être sérieusement mis en doute. Ils ne sont pas en mesure de décider si un certain enseignement mène à la sainteté ou non.

Il y a beaucoup d'avis concernant la nature de la sainteté. Quels conseils offrir à une personne désirant savoir ce qui encourage le plus la sainteté ? Nous pouvons affirmer avec assurance que chaque vérité de l'évangile encourage ceux qui la reçoivent pour lui obéir. La doctrine de la persévérance des saints motive vraiment la sainteté dans leurs vies. Nous devons découvrir ce que disent les Écritures à ce sujet. Les promesses qui se trouvent dans les Écritures concernant la direction à prendre nous conduisent dans une voie sûre.

Il existe plusieurs exemples de personnes qui ont donné l'apparence d'être de véritables croyants par leurs vies saines. Ils entendent la vérité biblique volontiers, comme Hérode l'a fait; l'acceptent avec joie, comme le terrain pierreux accepte la semence; et ils la reçoivent, comme ceux dont on parle dans Ézéchiel 33.31 :« ... mon peuple s'assied devant toi. Ils écoutent tes paroles, mais ils ne les mettent point en pratique, car ils agissent avec des paroles (aimables) à la bouche, alors que la cupidité mène leur cœur. » Beaucoup de ces personnes peuvent, comme Judas l'a été, être considérées par les autres comme de véritables croyants pour un certain temps, mais n'ont cependant jamais été sauvées par Jésus-Christ.

Certaines personnes ont utilisé certains passages de l'Écriture pour revendiquer la possibilité de l'apostasie des saints. Ézéchiel 18.24-25 constitue l'un de ces passages : « Si un juste se détourne de sa justice et commet l'injustice, s'il imite toutes les horreurs que le méchant a commises — il vivrait! Tous ses actes justes ne seront pas retenus. Par l'effet de l'infidélité à laquelle il s'est livré et du péché qu'il a commis, par leur effet il mourra. » Ces mots décrivent une controverse dans un temps particulier de l'histoire d'Israël entre Dieu et les Juifs concernant leur utilisation du proverbe donné dans les versets 2 et 3 de ce chapitre : « Les pères mangent des raisins verts, et les dents des enfants sont agacées. »

La parole du Seigneur donnée comme réponse dans les versets 24 et 25 est destinée à réfuter l'application générale de ce proverbe. Cette déclaration ne peut être considérée comme la façon dont Dieu agit avec son peuple. Le proverbe parle de la terre d'Israël comme le verset 2 l'indique clairement. Cette terre avait été donnée à la nation juive jusqu'au moment où les Juifs ont été amenés captifs à Babylone à cause de leur méchanceté obstinée. Par cette captivité Dieu exigeait d'eux non seulement l'acquittement des péchés de cette génération, mais de ceux de leurs ancêtres et en particulier Manassé. Ils avaient inventé le proverbe pendant qu'ils étaient en captivité pour s'autojustifier. Dieu réclamait par sa réponse la justice reliée à ses ententes avec eux. Chacun d'eux avait souffert à cause de son propre péché. Il n'y a ici aucune analogie entre la manière dont Dieu a traité avec Israël concernant le pays de Canaan et la façon dont il agit avec l'Église aujourd'hui. En réalité, il existe une grande différence entre le principe exprimé au verset 4 : « l'âme qui pèche est celle qui mourra », et la grâce de Dieu qui a envoyé son Fils comme sacrifice expiatoire pour son peuple.

Dans le cas où quelqu'un devrait encore penser que le passage d'Ézéchiel 18 appuie la probabilité de l'apostasie des saints, examinons ce verset de plus près. Notons premièrement que l'expression soulève une seule possibilité — « si ». Il s'agit d'une déclaration hypothétique. Les mots sont : « Si un juste se détourne de sa justice et commet l'injustice..., il mourra » (verset 24). Certaines personnes l'ont interprété ainsi : Dieu expose simplement ce que le péché mérite et le rapport inévitable entre l'apostasie et le châtiment. Cela ne prouve aucunement qu'une personne vraiment juste s'éloigne de Dieu pour toujours. En effet, prétendent-ils, Dieu a réellement utilisé ces avertissements pour protéger les croyants de l'apostasie. Il existe un rapport entre se détourner et mourir, mais conclure que l'homme juste peut s'éloigner de telle manière, c'est aller plus loin que l'affirmation du texte même. Par ailleurs, d'autres ont soutenu que les énoncés conditionnels comportant des promesses et des menaces supposent cette possibilité, bien que la condition ne se concrétise jamais en réalité. Une telle possibilité peut bien sûr être contrecarrée avant qu'elle ne se produise par l'intervention de l'Esprit et la grâce de Dieu.

Nous devons examiner de plus près ce que désigne « un homme juste ». Le contexte d'Ézéchiel 18 indique fortement que l'homme juste est celui qui garde les commandements de Dieu donnés dans l'Ancien Testament. À travers cette alliance, le peuple a conservé la possession du pays et des évènements spirituels du futur ont été typifiés.

Certains ont suggéré que l'homme juste mentionné dans Ézéchiel 18 l'est en apparence seulement. Puisque cette vue semble contraire à l'idée de ce passage, d'autres affirment encore que plusieurs personnes essayent sincèrement d'obéir aux lois de Dieu. Ils sont capables jusqu'à un certain point d'obéir aux commandements de Dieu. On peut alors dire qu'ils sont justes, et qu'ils le sont certainement si on les compare avec ceux qui se rebellent ouvertement contre Dieu. Une telle justice est récompensée par Dieu dans cette vie, particulièrement à l'époque de l'Ancien Testament. Ces justes, accomplissant tous les devoirs religieux convenus, peuvent cependant ne pas être membres de la famille spirituelle de Dieu. Ils n'ont pas érigé leur vie sur Jésus-Christ, le roc, et plusieurs d'entre eux succombent tristement au péché et tombent sous le jugement de Dieu. Leur justice quoique sincère est insuffisante, car seule la justice qui vient de la foi en Christ est acceptable aux yeux de Dieu.

Il ne subsiste aucun doute que l'homme mauvais décrit dans Ézéchiel 18 ne possède pas seulement l'apparence de la méchanceté, mais il est véritablement mauvais. Parallèlement, il serait légitime d'affirmer que l'homme juste dont il est question est vraiment juste, possédant cette justice désignée dans le contexte. S'il devait demeurer dans cette justice, il recevrait la récompense envisagée dans ce chapitre. Peut-être est-il un croyant véritable, mais rien dans ces versets n'indique que ce soit absolument le cas.

Une autre interprétation a été avancée et elle trouve un certain appui dans les Écritures. C'est qu'il existe une justice à doubles volets — l'une, obtenue au moyen des œuvres par lesquelles nous sommes sanctifiés, l'autre, par la foi, par laquelle nous sommes justifiés. Un homme juste peut cesser de mener une vie sainte, mais il ne s'ensuit pas qu'il a perdu la justice de Christ. Cette interprétation ne prétend pas que la sanctification et la justification puissent exister de manière complètement indépendante l'une de l'autre chez un croyant, car « sans la sanctification personne ne verra le Seigneur » (Hébreux 12.14). Mais une personne peut tomber et s'éloigner de la justice de la sanctification de deux façons : premièrement de sa pratique et deuxièmement de son principe. C'est malheureusement vrai qu'une personne, sous l'effet de fortes tentations, peut cesser de pratiquer la sainteté jusqu'à ne plus produire de fruit spirituel. Cette condition peut l'amener à être sévèrement châtiée par le Seigneur durant sa vie et même dans la mort, comme dans le cas de Josias. Deuxièmement, celui qui a déjà gardé les principes de sainteté ne peut jamais complètement les abandonner. Nous voyons donc qu'une personne justifiée et sanctifiée peut pour un temps s'éloigner de la sainteté et provoquer le Seigneur à appliquer un châtiment sévère et même terrible envers elle. Néanmoins, cette personne ne perd pas sa relation avec Christ, ni l'amour de Dieu envers elle.

Tous ceux qui sont sauvés sont justifiés aux yeux de Dieu. Cependant, notre conscience de la justification, de même que la paix et le réconfort qu'elle procure sont soumis à des hauts et des bas. Il est possible que des individus justifiés et sanctifiés s'éloignent à un point tel d'une communion intime avec Dieu, qu'ils cessent de porter les fruits de la sainteté, comme des arbres en hiver. Ils peuvent perdre le sentiment d'être véritablement acceptés de Dieu par Jésus-Christ et la paix qui s'ensuit, mais ils ne peuvent être complètement rejetés de la faveur de Dieu. Quelques personnes ont soutenu que la mort dont il est question dans Ézéchiel 18 peut seulement signifier la mort éternelle, mais ce fait n'est pas démontré par le passage en question. De la même manière, nous ne pourrions dire que tous les Israélites qui sont morts dans le désert à cause de leurs péchés sont allés en enfer.

Considérons un autre passage de l'Écriture sur lequel certains ont basé l'affirmation que les saints de Dieu peuvent devenir des incroyants. Il s'agit de la parabole du serviteur impitoyable dans Matthieu 18.21-35. Certains avancent que cette parabole était adressée aux disciples, et à Pierre en particulier, qui à l'évidence était né de nouveau et justifié devant Dieu. Néanmoins, le Seigneur déclare simplement qu'à moins qu'ils ne pardonnent librement à ceux qui pèchent contre eux, ils ne seront pas pardonnés par le Père.

Il n'est pas acceptable d'interpréter cette parabole comme certains l'ont fait et d'enseigner que les croyants peuvent périr éternellement à cause de leurs péchés. L'enseignement élémentaire de cette parabole est sûrement que les gens ayant reçu la miséricorde et le pardon de Dieu en Christ doivent en retour démontrer de la miséricorde et de la bonté envers les autres. Autrement dit, nous n'avons aucun droit de nous attendre à ce que Dieu fasse grâce à ceux qui ne montrent aucune compassion envers les autres.

Un troisième passage des Écritures est parfois cité pour tenter de prouver la possibilité de l'apostasie des croyants. Il s'agit de 1 Corinthiens 9.27. Paul y mentionne son inquiétude, à savoir qu'il pourrait à la fin être disqualifié en dépit de sa conversion, et après avoir prêché aux autres. Nous avons démontré plus tôt que les moyens concédés par Dieu pour atteindre une fin déclarée devraient être employés de manière appropriée. Notre Sauveur a eu recours à des moyens ordinaires pour préserver sa vie, bien qu'il ait reçu la promesse d'être gardé par les anges. Ézéchias prenait aussi de la nourriture et de l'eau, même si Dieu avait promis une prolongation de 15 ans à sa vie. Paul également veillait sur lui-même. Puisque le but principal de sa vie était de prêcher l'évangile, il prenait soin de pouvoir garantir, par sa sainteté personnelle et son abnégation, que son œuvre ne serait pas compromise par son enthousiasme à l'égard des révélations qui lui avaient été confiées. Son grand souci était d'être « un ouvrier qui n'avait pas à avoir honte » non seulement en prêchant aux autres pour leur bien, mais en étant lui-même approuvé de Dieu. Il reconnaissait que son œuvre pourrait se poursuivre sans qu'il soit pour autant approuvé dans cette œuvre et ainsi perdre sa récompense. Interpréter le mot grec employé dans ce passage pour désigner un homme rejeté par Dieu à la fin, c'est aller au-delà de sa signification légitime tant dans ce contexte qu'ailleurs dans l'Écriture. L'apôtre, conscient qu'il avait été envoyé par le Seigneur pour prêcher l'évangile, accordait également une grande valeur aux recommandations de Christ. Il ne se ménageait pas pour accomplir fidèlement son ministère.

Hébreux 6.4-8 et 10.26-39 constituent d'autres passages que certains ont utilisés pour remettre sérieusement en cause la persévérance des croyants. La Parole de Dieu par le Saint-Esprit peut produire un véritable changement dans la vie de plusieurs qui ne sont pas réellement nés de nouveau. De tels individus peuvent sincèrement être en accord avec la vérité et vivre des vies qui sont conséquentes à ce qu'elles croient. On ne peut les accuser d'être hypocrites. Cependant, parce qu'ils recherchent une justice qui s'obtient par les œuvres de la loi, la justice de Christ s'avère n'avoir aucun effet dans leurs vies. Plusieurs d'entre eux évitent ainsi scrupuleusement le péché dans leurs vies et possèdent souvent des dons utiles à l'Église. Une telle sorte d'apostasie est dangereuse et peut conduire à pécher contre le Saint-Esprit. Notez que le passage qui décrit cette catégorie de personnes ne comporte aucune mention des caractéristiques particulières du croyant véritable. Ce passage n'atteste pas qu'ils possèdent la foi vivante ou encore la foi des élus de Dieu. Il ne les décrit pas comme étant justifiés, unis à Christ, sanctifiés par l'Esprit, et n'affirme pas que les choses qui accompagnent le salut soient évidentes dans leurs vies. Cependant, quand l'apôtre parle des croyants véritables au chapitre 6, il souligne leur œuvre et leur amour (verset 10), le caractère immuable du plan de Dieu et son serment pour leur préservation (verset 17). Par conséquent, nous devons conclure que ceux dont il est question dans les avertissements solennels de l'apôtre ne sont pas des enfants de Dieu justifiés et sanctifiés.

Certaines personnes ont tenté de prouver que l'apôtre parle simplement d'hypocrites, mais ce n'est manifestement pas son intention. Au contraire, il montre de quelle manière ils peuvent tomber dans le péché, bien qu'ils se conduisent comme de véritables croyants. Ce n'est pas de leur hypocrisie qu'ils s'éloignent, mais de cette profession de leur foi et de la grâce commune dont ils avaient été participants.

Dans Hébreux 6.4 l'apôtre parle de ceux qui ont déjà été éclairés. Il est certain que les vrais croyants ont été « éclairés », mais le mot peut avoir plusieurs sens. Ceux dont il est question dans ce verset ont prétendument été « éclairés », mais soutenir qu'ils sont de vrais croyants constitue une fausse logique. Des considérations semblables s'appliquent à Hébreux 10.26 : « après avoir reçu la connaissance de la vérité ». Les gens peuvent être convaincus par la Parole de Dieu et reconnaître sincèrement la vérité de l'évangile sans toutefois connaître une communion véritable avec Christ, celle qu'expérimentent tous les croyants véritables.

Dans Hébreux 10.29 l'apôtre décrit celui qui « aura tenu pour profane le sang de l'alliance, par lequel il avait été sanctifié ». Les gens peuvent être tellement convaincus de culpabilité par la prédication de la croix et le sang versé de Christ qu'ils se sépareront aisément eux-mêmes de ceux qui rejettent l'enseignement biblique. Ils peuvent cependant être loin d'avoir « des consciences purifiées des œuvres mortes pour servir le Dieu vivant ». Dans les Écritures, le mot « sanctification » possède deux significations distinctes. D'une part, il signifie séparer, mettre à part, pour Dieu. L'Ancien Testament l'utilise principalement pour décrire des objets inanimés. D'autre part, il signifie purifier, nettoyer au moyen d'une pureté spirituelle — l'opposé consiste à être entaché par le péché. Dans ce sens, il est employé principalement pour désigner des personnes. Dans l'Épître aux Hébreux, où l'apôtre emploie beaucoup de termes appartenant à l'Ancien Testament, le mot est presque toujours utilisé dans son premier sens, de même que dans Jean 17.19 où le Sauveur parle de se consacrer lui-même à son œuvre, comme notre grand sacrificateur. Nous avons montré précédemment que plusieurs se considèrent comme sanctifiés dans le deuxième sens, alors qu'ils n'ont jamais été véritablement lavés de leurs péchés.

On dit de certains qu'ils ont « goûté le don céleste » (Hébreux 6.4). Sans discuter la vraie nature « du don céleste », nous notons que ces personnes sont seulement réputées y avoir goûté. Ils ne s'en nourrissent pas ni ne grandissent en agissant ainsi. Les gens peuvent devenir troublés dans leurs consciences par la prédication de la Parole et forcés à rechercher de l'aide. S'ils en sont venus à une appréciation (même petite) du secours pourvu pour les pécheurs en Jésus-Christ, mais le rejettent, ils sont alors coupables d'avoir terriblement outragé Jésus-Christ et d'avoir refusé l'amour de Dieu. Par leur reniement de Christ, ils déclarent ouvertement qu'ils n'ont pas trouvé en lui la bonté et l'excellence réelles que d'autres revendiquent avoir trouvées. Dieu doit les juger en conséquence.

Ceux dont il est question dans Hébreux 6.4 sont aussi reconnus comme étant « devenus participants à l'Esprit Saint ». Les dons ou grâces du Saint-Esprit sont désignés. Nous avons établi au préalable que ceux qui sont nés de nouveau, rendus vivants par Dieu, scellés et consolés par l'Esprit Saint, ne peuvent jamais le perdre. Ils jouissent de l'amour et de la faveur de Dieu dès maintenant et atteindront en fin de compte la joie totale de la gloire qui leur est réservée. Certes, en ce qui concerne les dons, plusieurs y excellent et cependant, ne démontrent jamais cette foi qui procure une communion réelle avec Jésus-Christ.

Considérons maintenant Hébreux 10.38 : « Et mon juste vivra par la foi; mais, s'il se retire, mon âme ne prend pas plaisir en lui. » Dans la partie précédente de ce chapitre, l'apôtre considère deux types de personnes. D'abord, ceux qui ont abandonné l'assemblée, se sont retirés de l'Église et ont graduellement rétrogradé. Ensuite, ceux qui ont continué malgré les persécutions à garder la foi afin de recevoir la récompense promise. À ces derniers, il répète la promesse donnée à Habacuc : « Le juste vivra par la foi. » L'apôtre est certain qu'ils continueront à croire et à être sauvés. D'autres se sont retirés pour leur perte, mais ils n'avaient jamais été de véritables croyants, même en tenant compte de leurs dons et de leurs pratiques.

Nous poursuivons en examinant la parabole du semeur, en particulier la partie qui concerne le terrain pierreux, dans Matthieu 13.20-21. La semence dans les endroits pierreux représente celui qui entend la Parole et la reçoit aussitôt avec joie. Puisqu'il n'a pas de racines, il demeure seulement un bref moment puis flétrit rapidement. Certains ont prétendu que les auditeurs du terrain pierreux sont des croyants véritables, mais il est difficile de reconnaître la foi qui sauve en eux. Une foi qui manque totalement de racines, de fruit ou de persistance peut difficilement être décrite comme la foi qui sauve. Ils sont comme Hérode qui a entendu la Parole avec joie. Nous disons de nouveau que les détails des paraboles ne devraient pas être poussés au-delà de la simple signification de la parabole. L'intention de notre Seigneur ici consiste à démontrer de toute évidence que plusieurs entendent la Parole de l'évangile en vain et ne portent aucun fruit. Ce qui importe vraiment, c'est de porter du fruit. L'absence de fruit prouve qu'ils n'ont jamais été des croyants authentiques. Une foi qui ne produit pas d'œuvres acceptables aux yeux de Dieu est une foi morte.

En conclusion, nous considérerons en dernier lieu 2 Pierre 2.18-22. Ce passage a été utilisé pour discréditer la doctrine de la persévérance des saints. En réunissant, comme nous le faisons, plusieurs individus qui correspondent à cette description, nous notons très peu de ressemblance entre eux et ceux qui possèdent la foi en Jésus-Christ. Nous admettons que certains, à travers la fidèle prédication de la Parole, sont influencés par elle. Reconnaissant la vérité et la puissance de la Parole de Dieu, ils réforment leur conduite, mais leurs cœurs ne sont pas changés. Certains retournent en temps et lieu à leurs voies impies, quoique d'autres se maintiennent jusqu'à la fin dans leur nouvelle façon de vivre. Paul les décrit ainsi dans 2 Timothée 3.5 : « Ils garderont la forme extérieure de la piété, mais ils en renieront la puissance. » Ils ne sont pas des hypocrites prétendant être ce qu'ils ne sont pas et cachant toutes sortes de vices sous un manteau de religion. Nous avons vu précédemment comment il est possible pour des gens « de marcher consciencieusement » comme l'a fait Paul avant sa conversion, mais ne pas être toutefois membres de la famille de Christ. Ils peuvent être perçus comme ayant échappé à ceux qui vivent dans l'erreur, sans toutefois être de véritables croyants nés de nouveau du Saint-Esprit. Comme nous l'avons remarqué à plusieurs reprises dans notre considération, Dieu utilise ces avertissements comme moyens par lesquels son peuple est préservé pour la vie éternelle. Ces avertissements des Écritures ne sont pas incohérents par rapport aux promesses infaillibles de Dieu concernant la persévérance de ses saints et font partie du dessein de Dieu d'intervenir dans l'existence des croyants et de les garder dans une vie d'obéissance envers lui.

« **Impact Héritage** » est une marque déposée de « **Publications Chrétiennes inc.** », une maison d'édition québécoise fondée en 1958. Sa mission est d'éditer ou de diffuser la Bible ainsi que des livres et brochures qui en exposent l'enseignement, qui en démontrent l'actualité et la pertinence, et qui encouragent la croissance spirituelle en Jésus-Christ.

Pour notre catalogue complet :
www.publicationschretiennes.com

Publications Chrétiennes inc.
230, rue Lupien, Trois-Rivières, Québec, CANADA – G8T 6W4
Tél. (sans frais) : 1-866-378-4023, Téléc. : 819-378-4061
commandes@pubchret.org

www.ingramcontent.com/pod-product-compliance
Lightning Source LLC
Chambersburg PA
CBHW060216050426
42446CB00013B/3084